爆款文案

陈特军　谢绫丹 / 著

浙江工商大学出版社
ZHEJIANG GONGSHANG UNIVERSITY PRESS
· 杭州 ·

图书在版编目（CIP）数据

爆款文案 / 陈特军，谢绫丹著 . — 杭州：浙江工
商大学出版社，2020.1

ISBN 978-7-5178-3494-6

Ⅰ.①爆… Ⅱ.①陈… ②谢… Ⅲ.①广告文案－写
作 Ⅳ.① F713.812

中国版本图书馆 CIP 数据核字 (2019) 第 215160 号

爆款文案
BAOKUANWENAN
陈特军　谢绫丹　著

责任编辑　郑　建
封面设计　上尚设计
责任印刷　包建辉
出版发行　浙江工商大学出版社
　　　　　（杭州市教工路 198 号　邮政编码 310012）
　　　　　（E-mail:zjgsupress@163.com）
　　　　　（网址 :http://www.zjgsupress.com）
电　　话　0571-88904980　88831806（传真）
排　　版　夏　天
印　　刷　北京万博诚印刷有限公司
开　　本　787mm×1092mm 1/16
印　　张　16.25
字　　数　180 千
版 印 次　2020 年 1 月第 1 版　2020 年 1 月第 1 次印刷
书　　号　ISBN 978-7-5178-3494-6
定　　价　58.00 元

当代文案工作者的自我修养

有的人在综艺节目中轻飘飘地说了句"free style"（即兴表演），就让这款综艺连带艺人火得一塌糊涂；有的人通宵达旦地贴热点，写文案，仍然在大众心里掀不起一丝波澜。

于是大家开始吐槽，广告越来越失效，拼文案还不如拼流量。但是仔细想想，"free style"不也是一句文案吗？

传统媒体时代，品牌比的是谁更愿意砸钱。广告播放频率越高，品牌曝光度就越大，所以"送礼就送脑白金""恒源祥，羊羊羊"等广告直到现在都让人记忆犹新。来到自营销时代之后，媒介平台变得碎片化，人们在抖音、今日头条、微信、微博等接收到各种广告，对传统的简单、粗暴的文案形式已经免疫了。

现在，各种条漫、H5（制作网页互动效果的技术集合、移动端的 web 页面）、短视频等神转折内容成为刷屏的爆款，品牌传播已经进入公关第一、广告第二的阶段。公关讲究的是好内容，好内容的核心是好文案。所以，文案成为所有平台和传播的起点。

什么是好文案呢？好的文案也许是海报画面、视频旁白，也有可能是电影字幕、推文标题、歌词等。比如，蒙牛广告的主题曲《酸酸甜甜就是我》，每当旋律响起，就会让人想起蒙牛这个品牌。又比如，霸王早期的文案"头发有问题，就像这棵树，用了霸王防脱，头发不再脱"。配上形象生动的视频画面，就会让你对脱发产生恐惧和担忧的情绪。再者，农夫山泉的广告文案"农夫山泉有点甜"，能让人直观感受到农夫山泉的口感，"我们不生产水，我们只是大自然的搬运工"，和在瓶身设计上把长白山动植物作为主角，为农夫山泉成功塑造了亲近自然、绿色环保的好形象，为品牌树立了不少的好感度。

通过上面这些例子可以看出，凡是能勾起消费者情绪、打造品牌好感、促进卖货的文案就是好文案。综上，我认为好文案的三个标准是：能不能触动人、能不能塑造品牌好感、能不能卖货。

知道了好文案的标准后，人们怎样才能写出好文案呢？这就是我们出这本书的目的。这里，我把写好文案的方法归纳为六点：选题有痒点、标题有爆点、内容有趣点、文案有槽点、角度有特点、美编有亮点。

无论我们写什么文案，首先都要有方向，这就是选题的过程。对于文案工作者来说，选题要有痒点，这个痒点指的是选择的话题能够撩拨到读者的情绪。这种情绪可能是恐惧的、喜悦的、感伤的、感动的……总而言之，要在话题上跟读者建立共鸣。比如，2018 年礁溪老爷酒店出了一套"老爷式成年理"广告，从"大人的小任性"切入，传递出"成年人的任性不同于孩子，它是百般思量后留给自己的温柔"的理念。广告一出，立刻引起了广泛的共鸣。

选题找到痒点后，就要思考怎么吸引读者进来，如果是推文、H5，就需要一个能抓人眼球的标题；如果是视频，就要有引人入胜的声音或画面，创造神秘感，通过调动起读者的好奇心，让他们点进来。像网易"她挣扎48 小时后死去，无人知晓"的刷屏 H5，就是通过一个抓人眼球的标题，达到了千万级别的曝光量。

到内容输出这一步，人们常说"好看的皮囊千篇一律，有趣的灵魂万里挑一"。大家都喜欢风趣幽默的人，你走在路上，看到有家店挂出了"本店离百年老店还有 99 年"的广告，第一反应肯定不是排斥它，而是认为这个店的广告很有趣，想要去试试。海尔的自媒体营销做得那么好的原因之一，就是他们输出的文案是幽默、风趣的。

其次，要让你的文案更具传播性。怎么做？给文案设置槽点，在某些方面能引起广泛争议或者共鸣的，就像神州专车当年打击某打车软件的"Beat U！我怕黑专车！"的文案，因为海报把"怪蜀黍"写成"怪蜀黎"而引起巨大争议，传播效果远远超过预期。

这一套组合拳打下来，一个好文案基本也就成型了。但想要做得更出彩，还需要一些特别的角度。比如，每年长假的旅游新闻报道都是以"某某景区一天迎来 10 万游客"为标题或开头，但有一年，有位记者用一个很特别的角度，写了个标题："动物园的猴子一天看了 10 万人"，引起了强烈的反响。所以，当我们换个角度去写文案时，或许可以给品牌带来截然不同的宣传效果。

最后，美编还要有亮点。没有人不喜欢美的东西，好文案还需要好的设计来进行加持，给读者留下强烈的视觉冲击或者赏心悦目的效果，这些都有利于读者记住你的品牌。农夫山泉为了证明自家的水是纯天然的，选择直接去水源地进行拍摄，以长白山动物为主角，拍出一辑绝美的广告片，整则广告下来只有15个字的文案"什么样的水源，孕育什么样的生命"，但给人留下非常深刻的品牌印象，同时也带动了销售。

本书每个章节都包含着写出好文案的六套组合拳，等待着大家——发掘，希望大家在看完本书后都能够在文案写作上有突出的进步，为品牌创造出轻松愉悦、有记忆点的精品文案，让好文案成为品牌有力的销售支持！

蓝莓会会长 创始人　　陈特军

构建场景，讲好故事，让文案活起来

我们每天都在说话，但是能说未必能写，能写未必精彩，精彩未必鲜活，鲜活未必有品。

在人人皆媒体的时代，写出一手好文案是一个人思想层次的最好实证。好的文案要有底层逻辑，经过生动表达后可以即刻建立与顾客的互动感知，甚至成为经典记忆。在我看来，底层逻辑的核心可以简单归纳为三个要点：角色选择、场景构建、内容联想。即你是一个什么样的人，在什么样的情况下，说的什么。通过整体人格化的场景输出，让内容在消费者层面活起来。

角色选择：人设认知设定

品牌和消费者之间的对话关系就像谈恋爱，在进入关系之前，我们首先要清楚自己是谁，寻找的对方是怎样的一个人或者一个群体。然后，在不断的互动中找到令彼此感情升温的可能。

新时代的消费者越来越重视消费过程中的参与感、体验感和存在感，甚至是价值认同感。越来越多的品牌采用 IP（即 Intellectual Property，此处指适合二次开发或多次改编的文字）的方式进行品牌联想，这是在广告语之后的品牌印记沟通的升级体验，这个 IP 可以直观理解性别、性格、年龄、态度、价值等，能构建基于大脑对角色的感性认知建立喜好，减少陌生感。这就是我为什么强调要在文案创作之前，先明确角色定位，给文案赋予人格的第一要素原因。

当然，我们在做角色选择的时候，要切忌角色定位多变，那会不利于品牌与消费者的重复性好感加持沟通。

场景搭建：一场浪漫邂逅的精选地

接下来，就要开始挖掘品牌产品的高频消费场景，给用户制造一个浪漫邂逅的精选地，传达品牌的定位或价值，提高产品销售或使用率。

以谈恋爱为例，阶段不同，两人的说话方式、见面地点也会随之变化，品牌文案也一样。在找出品牌文案和消费者的浪漫邂逅地之前，我们首先要清楚一个事实——现在的消费者越来越懒，但他们的联想能力却比任何时代的人都要丰富。所以，品牌在做文案输出时，要分清楚自己所处的阶段，是新品宣传，还是爆品口碑维护，抑或是品牌影响力打造，不同的阶段所采用的文字和载体都会不同。

而品牌跟消费者的浪漫邂逅地的搭建，简单来说就是选择合适的传播载体。随着自媒体的发展，品牌广告可供选择的载体也越来越多，可以是视频广告，可以是 Slogan（口号），可以是微信推文，也可以是海报、H5、条漫、短视频等。不同的载体需要选择不同的文案内容，这在很大程度上会影响消费者对品牌的印象和好感。

内容联想：不是我告诉你，而是你看完选择理解什么

品牌在输出文案时，经常会很直接地诉诸功效、功能、促销等内容，例如，《原价 10000 的 ××× 现在只卖 998》《×××：美白、补水、遮瑕一步到位》等，但消费者已经习惯性地把这类文案归类为广告，打开阅读的欲望自然不高。

所以比起直白，消费者更喜欢点到为止。像江小白的文案"人生没有早知道，只有当下酒，眼前人"，点到为止，给消费者留下了想象的空间，显然更受欢迎。

除了给文案中留白，消费者对于趣味性的文案的兴趣度也会更高。近两年，"洽洽"的内容投放就越来越偏向于年轻人喜欢的趣味文风，"瘦脸有神器，当属嗑瓜子""八卦有洽洽，好吃停不下"。文案中有吐槽、有调侃、有网络用语，一下子就拉近了品牌与消费者之间的距离。

当然，互联网时代对文案工作者也提出了新的要求：进行语序重组。用更符合时代感和年轻人精神的语序跟消费者对话，才能更好地建立沟通和产生共鸣。如"立 flag""真香"等网络用语的走红就是典型的例子。

需要注意的是，在运用网络用语时，要从品牌的角度、消费者的角度进行综合考虑，才能最大限度地让文案成为品牌和消费者之间的桥梁。

这样才能完成对品牌 IP 的打造，让消费者直接通过文案验证品牌的性格、态度、价值观等，并与他们建立起好感度。

蓝莓会 CEO　谢绫丹

目　录

第一章

文案是企业最好的销售员

文案是纸上的超级销售员

"文案人就是坐在电脑前的销售人员。"广告大师大卫·奥格威（David Ogilvy）认为，"每则广告都应该成为一位超级销售员。"销售员凭借出色的口才推销产品，文案人则通过精妙的广告宣传产品，两者本质上都是产品的推销者。

想要对广告文案有准确的认知，就必须先了解广告文案的基本原理，并对广告文案下一个正确的定义：文案即推销，文案的原则就是推销的原则，两者的成败出于同样的原因。所以，有关文案的问题必须参照销售的标准来解答。

同对销售员的要求一样，文案人在表述观点时必须做到简明扼要、条理清晰、令人信服。华丽的辞藻、独特的文体风格等都是不合适的，它们分散了顾客对广告主题的关注，暴露出销售的意图，可能会导致顾客产生一定的抵触情绪。因此，雄辩的演说家很少会成为优秀的销售员，顾客担心被他们忽悠，对他们推销的产品可能会心存芥蒂。优秀的销售员不能装腔作势，而应该作风朴实、为人诚恳，对顾客很了解，对产品也很熟悉。

需要注意的是，销售员每次面对的顾客数量是有限的，而广告的受众数不胜数，传播效率远超销售员个人。因此，相比之下，文案工作对语言水平的要求更为突出，销售时可以用一些没什么营养的口水话调节气氛，广告文案的语言却必须精练，让人一看就能被吸引住。

综上所述，文案一定要简短，没人愿意浪费时间读长篇大论的广告。文案赢来的读者只是对这个话题感兴趣的人，他们看广告的主要原因不是为了消遣。文案人应该把这些读者看作是站在你面前的，希望从你那里获得信息的潜在顾客，你要做的是提供足够的信息给他们，并让他们付诸行动。

广告文案的写作就是基于这样的道理，许多业绩突出的文案人都曾有过做销售员的经历，他们或许不懂语法，不懂修辞，但他们知道如何把话说得让人信服。这些文案人都会使用一个简单的方法，就是在开始写文案前问自己一个问题：

"我这么做有助于销售员推销产品吗？如果顾客就站在我眼前，我的做法有助于推销出去产品吗？"

如果文案人能对这个问题做诚实的回答，就能避免很多文案方面的失误。比如你会意识到，当你想自我炫耀，或者做一些取悦自己的事情时，就不太可能触动到顾客的心弦，也无法吸引他们购买产品。

与销售员一样，文案人也有各自不同的宣传手法和喜好。有人喜欢设计独特的文案标语，有人喜欢别出心裁的比喻。比如，有一些人倡导在文案中用大号字和大标题，以此吸引读者注意。但大多数读者并不欣赏这种销售方式，只要是人们想读的文字，五号字体也是完全没问题的。过大的字号犹如大声地交谈，无法获得你期望得到的关注，不但是做无用功，而且浪费版面空间，广告文案预算也会因此翻倍。而且对许多人而言，这么做还有招摇显摆之嫌。

还有一些人喜欢标新立异，他们希望广告文案从风格到图片都与众不同。但在我看来，自然大方的风格更容易给人留下好印象，而且也更容易销售出产品。

此外，还有一部分人坚持广告文案必须精益求精。这样做的本意是好的，但如果过分讲究，会使文案偏离创作的中心，使文案失去本身的价值。

对此我的建议是，文案人一定要用销售员的标准，而不是用娱乐受众的标准来创作广告文案。广告文案的主要目的不是为了供人消遣娱乐，即便它达到了娱乐大众的效果，依靠这种文案吸引来的人大多数也并不会为你的产品买单。

这是广告行业目前存在的最大误区。文案人忘记了自己的职责，忽略了自己销售员的身份，把自己当成了"演员"，追求的不是增加销量，而是如何赢得大众的掌声与喝彩。遗憾的是，尽管在人们的生活中充满了文案，但大多数文案人却从未认真了解过广告文案的本质，使很多新入门的文案人把广告文案做成了卖弄自己文艺素养的道具，未能抓住其作为销售工具的本质。

文案人应该经常扪心自问："我的广告文案有助于销售产品吗？"当你陷入瓶颈时，不妨回到最初的问题，重新领悟广告文案的本质。

与销售相似，文案人在策划一则文案时，心里要始终想着某个极具代表性的顾客。首先，你创作出来的主题或标题要能吸引住他的目光。

之后，你可以想象一下，自己同这位顾客面对面交流时，应该怎么向他推销自己的产品，并以此指导自己完成文案的写作。需要注意的是，你的脑海里不要设想一大群人，这会使你对顾客形象的概念变得模糊，你只需考虑一个具体的、典型的个体形象——那个因为你的话想买产品的人，男女皆可。

有些文案人在文案策划和撰文阶段，会走到外面，亲自面对顾客推销产品，还有人会为了探究顾客心理进行相应的问卷调查。曾经有位优秀的文案人，他在一件新出的产品上花费了几十天的时间，逐户推销。通过这样的方法，他掌握了顾客对该款产品的诉求点和反馈意见，了解到了潜在顾客真正想要什么，产品对他们来说有哪些方面缺乏吸引力。

文案人必须学会运用某种方式拨响顾客的心弦，仅靠猜测顾客心理写出的文案，其未来要付出的代价是极其昂贵的。文案人在研究顾客心理时，要努力将自己放到购买者的立场，而不是厂商的立场上。如果文案人做出的文案仅仅取悦了产品卖家，却忘记了买家的利益，那么这款产品将很难被成功推销出去。

✓ 实战要点

◆ 请文案人把自己当成销售员，让广告文案为他自身的盈亏负责。

◆ 将广告文案与销售工作做比较，计算广告文案的成本和收益。

◆ 优秀的销售员不能对产品有任何的借口，文案当然也不能有。

文案和顾客打交道，需要调动顾客的情绪

文案是品牌用来和顾客打交道的一种重要形式，除了正常的产品文案或品牌宣传文案外，更直接、频繁地与顾客"打交道"的文案，实际上是公关文案、交互文案、页面文案、社交平台文案、服务文案等。所有顾客能看到的文字，都应该表达出"理解"和"善意"。对于互联网文案而言，想要成功激发顾客进行参与和互动，就必须先调动起顾客的情绪。

案°例

聚美优品的"美优品文"

你只闻到我的香水，却没看到我的汗水。你有你的规则，我有我的选择。你否定我的现在，我决定我的未来。你嘲笑我一无所有，不配去爱，我可怜你总是等待。你可以轻视我们的年轻，我们会证明这是谁的时代。梦想是注定孤独的旅行，路上少不了质疑和嘲笑，但那又如何，哪怕遍体鳞伤，也要活得漂亮！我是陈欧，我为自己代言。

这段文字，初看下来只是一名创业者在文案中讲述自己的奋斗故事，但读完这个故事的人，特别是年轻人，会觉得这番话说出了自己的心声。原因就在于文案中的这些关键词，如：汗水、否定、轻视、孤独、质疑、嘲笑、遍体鳞伤……引发了某个年龄段人群的心理共鸣。

许多经典的故事之所以动人，有一个很重要的原因就是：它触动了人类共通的情感问题——即那些古往今来被无数个故事诠释过的问题，比如爱情、悲剧、人性、人生、生命……

在用文案调动读者情绪时，你可以通过以下两个方面进行把控：正向情绪和负向情绪。

正向情绪给人带来正能量，包括积极向上、激动、热情、喜悦等。一般正向情绪会引向好的结果，如新浪汽车的正能量海报文案：

> 努力不一定要回报
>
> 但至少可以把我和
>
> 与我同样努力的人
>
> 联结在一起
>
> 这样我就遇到了更好的人

负向情绪则会给人带来绝望、失望、失落等感受。一般负向情绪会引向坏的结果，帮助人们认清现实。如日本曾经有一款名叫UCC的咖啡，打出了"每天来点负能量"的口号：

> 后来才知道
>
> 长得帅未必娶得到老婆

但是有钱可以

负向情绪的文案总是有一些反传统的味道，类似的案例还有许多，如京东金融 2017 年推出的文案就成功利用了逆向思维，是典型的反成功学的代表。

案 例

你不必成功

你不必把这杯白酒干了，

喝到胃穿孔，也不会获得帮助，不会获得尊重。

你不必放弃玩音乐，不必出专辑，也不必放弃工作，

不必介意成为一个带着奶瓶的朋克。

你不必在本子上记录，

大部分会议是在浪费时间，你不必假装殷勤一直记录。

你不必总是笑，

不必每一条微信都回复，不必处处点赞。

你不必有什么户口，也不必要求别人要有什么户口。

即便生存不易，也不必让爸妈去相亲角被别人盘问出身。

你不必买大房子，不必在月薪一万时就贷款三百万。

三十年后，当孩子们问起那些年你有什么故事，你不能只有贷款。

你不必去知名的大企业追求梦想，

你想逃离的种种，在那里同样会有。

你不必去大城市，也不必逃离北上广。

不必用别人的一篇"10万＋"来决定自己的一辈子。

你不必改变自己。

不必相信一万小时定律，不必读成功学，

不必加入高管群，不必成为第二个什么人。

你不必听狭隘女权主义者的杂音，

不必理会那些只要求特权，却不尽义务的人。

你不必用睡过多少女孩，来证明魅力。

这不值得炫耀，而且你并不知道是谁睡了谁。

你不必让所有人都开心。

不必每次旅游都带礼物，

不必一次不落地随份子，不必在饭桌上辛苦地计算座次。

你不必在过年时衣锦还乡，

不必发特别大的红包，不必开车送每一个人回家。

你不必承担所有责任。

不必为拒绝借钱给朋友而过意不去，

不必为父母的节俭而内疚，不必向路边的每一个乞讨者伸

出援手。

你不必刻意追求传说中的彼岸和远方，

每一个你想抵达的地方，都有人和你一样想逃离。

你不必在深夜停车之后，在楼下抽支烟再回家。

你不必背负那么多，

你不必成功。

别用所谓的成功，定义你的人生。

京东小金库，你的坚持，我的支持。

✔ **实战要点**

◆ 描述"群体共通性"的经历、体验、感受。

◆ 将具体的场景和细节抽象化，重点是传递感受。

◆ 将抽象的特征具体化、生活化，重点是传递体验。

文案就是和读者进行深度对话

　　大家都喜欢看简洁清晰、易于理解的文章，其中最简洁清晰的写作风格，就是让文字像说话一样。在文案写作中，"对话式语调"是一种有效的工具，它能让读者感觉自己像在和知心朋友对话一样，使读者更容易接受广告文案传达出来的信息。

　　创作"对话式语调"文案的关键，是在文字中塑造态度友善、乐于助人、亲切温暖的风格，这样读者才能真正把你当成好朋友。想做到这一点，就必须避免使用所有包含偏见意思的词汇，否则会显得企业虚伪、言行不一，有歧视读者的恶意。当你检查文案草稿时，不妨反问一下自己："这些文字被创作出来时，我是否被感动到了？"如果你觉得读起来自己都有些反感，说明文案的态度不够诚恳、友善，必须重新进行创作。

那么，人们应该如何把握好这一点，并进行具体练习呢？

其实，短短几个词的广告语，并非简单的汉字排列组合，它考验的是文案人的文字功底与创作水平。许多文案人无法与读者进行有效对话，就是因为他们对广告本质缺乏足够的认识，无法将产品的核心卖点浓缩在广告语中，导致广告语出现文不对题、平淡乏味等问题。广告语写作必须遵循一定的规则，为此，文案人应该循序渐进地尝试，先练习写规则完整的对句，之后再向不规则的自由风格延伸。

对句指的是对仗句式，包括"3+3"对句，如"万家乐，乐万家"；"4+4"对句，如"惠普科技，成就梦想"；"5+5"对句，如"人头马一开，好事自然来"；"7+7"对句，如"车到山前必有路，有路必有丰田车"。其中，以"4+4"对句最为基本，应用也最为广泛。

对句格式工整，语句流畅顺口，读起来会给人一种生动的节奏感。比如，有的广告语会采用对仗手法，让上半句和下半句形成上下联；有的广告语则把品牌名称藏在其中。不管用哪种形式，都应该易记易读，这样才能让读者对广告语产生深刻的印象。

对句练习到一定程度后，就能初步养成广告语的语感，然后你就可以尝试写不规则的口语化的广告语了。

比如，动感地带的"我的地盘，听我的"，可口可乐的"要爽由自己"，斯达舒的"胃！你好吗？"都是人们耳熟能详的经典口语化广告语。尽管它们长短不一，但都包含了鲜明的感情色彩，且直指人心，让读者可以马上产生共鸣。所以，想要写好不规则的口语化广告语，关键就在于把握人心，用口语化的文字吸引读者的关注。

案 例

某日式点心店海报文案

我想做这么大的牡丹饼，把你的梦变得甜甜的。

给我拿90根蜡烛来！老店百年，老爷子90岁。

你在毕业典礼上吃的红白团子就是我做的哟，带着这片地区的回忆的味道。

偷吃一个不会被人发现的。最好吃的都被我吃啦。

人要是死了，灵魂只有21克，就是这个团子的一半哦。

长寿的秘诀？把店里剩下的统统吃掉！所以戴假牙了嘛。

实际上我不喜欢点心呢。人生并不甜。

我年轻时候的新娘，给人的感受和这团子一模一样，美味不变。

上面的广告语是从人们日常的生活中提炼出来的，包含了人生的喜怒哀乐，读起来有几分哲理、几分俏皮，是人们经过岁月洗礼后的美好回忆。这样的广告语朴实而真挚，让读者感同身受，进而会有兴趣到店里坐一坐。

虽然这些文案的用词都很简单、不太讲究，感觉写起来应该不会太费劲，可是总有文案新人会产生下面的疑问："我想做好文案工作，但是文笔不太行，连简单的语句都写不好，应该怎么办呢？"

你要记住的一点是，文案不是小说，好文案未必全是文采斐然、辞藻华丽的，它虽然可能是用词精致而煽情的，但也可能只是朴实无华的大白话。无论是哪种文案，都有一个重要的前提，就是有话好好说。

文案人在撰写广告文案时，一定要牢记"说人话"的原则。所谓"说人话"，就是在文案中展示产品明确的信息、翔实可靠的数据，之后用清晰的条理、严密真诚的道理来说明产品的优势。只要你能做到"说人话"，那么不管你的语言风格如何，都会得到大部分读者的青睐。反之，文案如果只是他人看不懂、记不住的浮光掠影，则根本起不到广告应有的作用，让人无法对产品产生兴趣。

好文案与差文案最重要的区别就是，好文案不说空话，也不说大话。说空话会让读者不知道你想表达的重点在哪里，说大话会让读者认为你并不值得信赖。所以，盲目追求文案措辞的华丽程度和煽情程度是错误的，在写文案时一定要注意这个问题。

✔ 实战要点

◆ 运用代名词——我、我们、你、你们、他、他们。

◆ 运用口语化的表达——好东西、敲竹杠、没问题、OK等。

◆ 用简称——工研院、生技、奥委会等。

◆ 运用比较简单的词语，最好是儿童都可以理解的词语。

◆ 语气自然，不拘泥于文法是否正确。

文案要和读者建立友情

失败的文案始终在自说自话，成功的文案不会一直吹嘘自己有什么，而是告诉读者我能做什么。

文案人应该像老朋友一样关心读者的冷暖。以朋友的口吻，把读者最在意的需求、痛点一语道破，并且告诉他们如何获得更多的参与感、成就感和认同感。这样，他们心中的那根"刺"就会被你拔掉，对广告文案中的信息更加信任、包容。尽管文案人是在幕后工作，并不处于客服的前沿阵地，但文案人仍然能够通过文案与读者建立交情，这也是优秀文案可以促进销售的根本原因所在。

所以，在创作文案时，你脑子里一定要记住一句话："我是读者的朋友！"罗辑思维的罗振宇也说过类似的观点："在互联网时代，做生意得有交情才行。"交情，就是读者和这个品牌建立的感情。罗辑思维就是典型的、靠交情做生意的互联网品牌。

罗辑思维曾经预售过一套图书，当时连书名都没有公布，而且一套6本的预售价高达499元，结果预售不到90分钟，8000套书全部售完。由此可以看出，用户完全是基于对罗辑思维的信任和喜爱下单的。

淘宝网店"南食召"也深得其顾客厚爱。有一次，这家店的库房被暴雨淹了，导致货物无法及时发出。一般情况下，顾客必然会怨声四起，让卖家道歉赔钱。但由于"南食召"的顾客与其有了深厚的感情基础，所以许多顾客不但没有抱怨，反而主动给"南食召"打款，帮它渡过了难关。下面，就让我们看一看"南食召"是如何利用文案与顾客建立交情的：

瓯地一隅之拙味，不尚奢靡，不嗜辛辣，惟余粗俭，不敢调和南北之口腹，但愿温暖宾朋之心脾。

"南食召"的招牌手工面——纱面是纯手工制作出来的，步骤十分复杂。"南食召"不仅没有嫌麻烦，而且还细心地把纱面的整个制作过程以图文的形式展现了出来。

案　例

古法手工纱面的制作流程

盐是纱面中唯一的"添加剂"，因此盐在其中的比重至关重要。一般而言，100斤精面粉，要加入60斤水、11斤盐。但这个比例并非一成不变，而是会根据面粉的质地和天气干湿冷热情况，出现比较大的起伏。盐太多，面抻不开；盐太少，面会太塌、太垂。

纱面制作一般从午饭后开始，第一步是将盐（一定是无碘盐）放到面缸里，溶于水中，形成盐水。

如果先在面粉里加盐混合，再加入水进行和面的话，盐会容易分布不均匀。

第二步，往盐水里倒入面粉，搅拌均匀后开始揉面。揉面时主要依靠师傅多年积累的经验，不能太湿也不能太干，只有面粉被揉透，做出来的面才会有韧劲。手工揉出来的面的韧劲是机制面所不能企及的，当然，揉这么一大缸的面，还得需要足够的体力。

第三步，把揉好的面倒在面板上，用刀在面团上深深划开一刀子，使面得到充分呼吸。

……

这则文案的讲解很细致，如同一位经验丰富的师傅一边制作纱面，一边和你唠叨怎么做一样。顾客正是从这些细致的讲解中，清楚地感受到了店家满满的诚意。

下面的案例是"南食召"与大家分享的关于他对家乡的美好回忆：

儿时与伙伴在田野间玩累了，奶奶会喊我回家吃"接力"（瑞安话"点心"的意思），常是一大碗满满的纱面，加一勺白糖、半勺猪油，甜香可口，吃完后，我就又生龙活虎地去玩耍了。

过节过年随父母去走亲访友，也常会提一篮沉甸甸的纱面作为礼物，上面放上一片红纸，红白相映，甚是喜庆。未到饭点时刻，亲友间的招待常常就是一碗纱面，浇一点黄酒，放上炒好的姜末、香菇、肉末，再盖上两个煎鸡蛋，香气腾腾，确实是人间美味……

　　我大学时在外地念书，每逢节假日回家，第一件事就是求母亲做一碗纱面。只有端着一碗纱面狼吞虎咽时，儿时的那些记忆碎片才会变得明晰起来。我常想，纱面大概是古时乡人对自己性格的写照吧，也只有清幽的江南人才会迷恋如此阴柔、温和、细滑的食物。

这篇文案会让顾客感受到浓浓的乡情，在作者的回忆里，首先会想到的便是这一碗纱面了。

泡否科技创始人马佳佳也曾说过："完美的生意如同一场完美的恋爱。"产品要超越"商家和顾客"的关系，和顾客建立交情，双方一定要真诚用心、互相欣赏、"三观"一致，最终达到灵魂契合。

✔ 实战要点

◆ 首先，要与顾客互相欣赏，才能一拍即合。

◆ 其次，要用十二分的诚意去经营，才能情谊深厚。

文案要表达亲切感，像和风细雨浸润人心

在许多时候，动人的文案力量未必完全靠感情的倾诉或深情的语言，让文案的字里行间融入亲切感，同样也可以打动人心。

杭州的蹓跶公寓深谙这种深入生活和情感细节的方法，制造出了和读者之间强烈的亲切感：

送一座大花园给她，她为了你拒绝了无数男孩的鲜花。

送她一双昂贵的鞋，不如陪她走完一生的路。

女人舍不得多花钱，不是心疼钱，是心疼你。

别让你的房子，拖累了你的孩子。

小孩子的衣服最好买大点，有了小孩，房子最好买大点。

下面这些文字同样从情感入手，将读者内心所想或还未想到的情感娓娓道来：

别人以为我远，我只是近得不明显。

人和人最近的距离，不会在电梯里，而是在楼下的花园里。

习惯了坐电梯赶路，也喜欢在楼下散散步。

一想到要回家，电梯也变得轻快起来。

最令人担心的迟到，不是等电梯，而是送孩子去学校。

恋爱时最省钱的，不是吃饭和送花，是蹓跶。

除此之外，文案中还有一些对场景和生活化细节的勾勒，用轻松自然、略带幽默的笔调写了出来，使人对拥有这个住所顿生幸福感。

如果你走得太快，幸福也会懒得追你。

这几年你过得快乐吗？过得太快了……

晾出去的衣服什么时候会干，要看阳光和心情，急不来。

爱情就是一边等着迟到的你，一边跟你说"不着急"。

以上这些文案从不同的角度诠释出蹓跶公寓所拥有的幸福的"慢生活"，文字传达出的不仅是一种生活方式，也是一种"慢下来"的生活智慧。这样的文案，虽不惊艳，却像和风细雨般浸润人心。

✔ **实战要点**

◆ 每一个词语都隐藏着情感，每一个词语都讲述一个故事。

◆ 每一个出色的广告文案都是词语、感受和印象的情感流露。

◆ 用情感来销售产品，以理性来解读决策。

第二章

钻进读者脑子里做调研

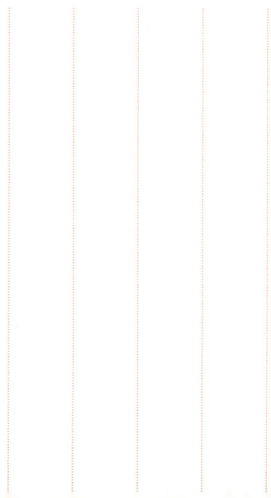

空想出来的文案只能感动自己

失败的文案都是自娱自乐的，传达出的多是读者不关心的内容；而成功的文案，是告诉读者他可以做什么，而不是企业有什么。例如，下面这则关于手机显示屏的文案：

你用肉眼看不到的像素。

从技术角度而言，达到 300dpi 以上的分辨率，人类的眼睛就看不出来了，而 iPhone4 达到了 320dpi 的分辨率。如果文案中用的是 320dpi 分辨率，有多少读者能看懂它要表达的意思呢？

自娱自乐的文案最大的问题在于，它没有说出读者想要知道的内容。想要创作出具有销售力的文案，关键在于彻底了解读者，明确他们的购买动机。很多文案都是在真空状态下创作出来的，一些广告公司写出的文案，只能吸引他们自己和产品制造商，而不是真正针对消费者写的。那就让消费者一点感觉都没有。

一家市场营销公关公司曾经进行过一项调查，询问广告公司和高科技产品买家，他们认为产品的哪些方面比较重要。结果显示，广告公司认为应该强调的产品特色，对买家而言都是无关紧要的，而且他们忽略了许多对买家而言相当重要的信息。比如，采购人员和工程师认为购买高科技设备时，价格是重要的考量因素，但广告公司并不认为价格是文案的重点，反而认为高科技产品的广告应该强调产品的技术实力，比如能为顾客省下多少时间。

所以，不要靠空想来撰写文案。不要只坐在电脑前，随便选些符合自己喜好的产品特色和功效作为重点，你应该找出读者真正关心的产品特色和功效，然后写出能够鼓励读者产生购买意愿的卖点。

案 例

一项专属美国企业英雄的特别邀请

亲爱的创业家：

对，就是你！

各位中小企业主正是自由企业精神的基石。你们的雄心、视野，以及勇气将永远是美国经济背后的驱动力。

遗憾的是，许多商业刊物似乎遗忘了这一点。他们将重心放在企业集团、跨国企业、富可敌国的石油公司等大目标上，却对一般的小企业漠不关心。

上面这封销售信之所以成功，是因为它直接给了创业者"一切靠自己"的荣誉感。文案人能够对创业者感同身受，同时了解他们是如何看待自己的，因而做出了一次成功的出击。

◆ **密切关注自己的消费行为。**

一旦你开始将自己的定位调整成顾客而不是文案人，你就会对顾客有更多的尊重，就会写出包含实用产品信息的、具有销售力的文案，而不是空洞花哨的文字游戏。

◆ **实地观察消费者、积极了解市场动向。**

比如，当你进入超市后，多观察不同类型的顾客，看看哪些人会选择折扣商品、哪些人更注重品牌效应。

◆ **对商业世界如何运作感兴趣。**

当你接到推销电话时，不妨听完整个过程，看看有哪些推销技巧可以运用在自己的文案中。你也可以多参加商展，观察不同领域的商户在应对买家时表现出了哪些不同的特质。

◆ **多跟潜在的交易对象聊天。**

比如店主、律师、园丁、专业技工等，听听他们用什么技巧推销自己的服务或商品。这些在一线跟顾客面对面的小生意人，对销售的了解更胜于大多数广告业务代表或企业品牌经理。认真听他们说了什么，并进行思考和总结，你就能学到一些打动顾客的技巧。

钻进用户脑子里，找到你应该说的那句话

"用户至上"是每个文案人必须遵循的信条。在社交网络环境中，用户的体验及由此带来的口碑效应可以为企业迅速带来回报和实际价值，相应的，这也是一种能够迅速毁掉产品声誉的力量。懂用户，是要你知道用户如何思考、想得到什么，从而知道自己应该做什么、怎么做才能挑起用户的欲望，打动用户的内心，唤起用户的热情，让用户最终做出购买的决定……

具体到文案写作，即不要用自己的脑子思考，而是要钻进用户脑子中，找到你应该说的那句话。

案 例

沃尔玛·省

标题：省心购

正文：岁末年初，又是离别相逢时。

离别，终会了，久挂念的至亲老友，

离别或相逢。

或犒劳自己，或呼朋唤友，

总要张罗置办，考量人情世故、礼尚往来，

省钱固然好，省心更动人。

一入沃家，亲复何求，

你与沃之间，省就一个字。

作为全球最大的连锁超市之一，沃尔玛始终奉行"帮客户节省每一分钱"的企业文化。如果要用一个字来概括沃尔玛，"省"字是当之无愧的选择。上面这则广告文案加入了中国春节时传统的与老友重逢的元素，把"省"字诠释为"省钱"加"省心"，真正站在用户的角度看问题，令读到这篇文案的人心头一暖。

所以，文案必须坚持用户至上。换言之，你不能像文艺创作者那样以表现自我为主，而应该从用户的想法入手。遗憾的是，很多文案人习惯用"自我视角"来解读用户的信念、感受、渴望，忽略用户真正的需要，高估自己产品的价值。他们写出来的文案，没有触及用户真正看重的东西，自然也就无法打动用户了。

✔ 实战要点

◆ 信念：用户如何看待产品解决问题的能力？他们是否真的信任产品？

◆ 感受：用户对产品有什么感受？他们当前的心理状态如何？是萎靡消沉，还是意气风发？

◆ 渴望：用户想要得到什么？他们想通过产品实现什么目标？

文案要比消费者更懂他自己

文案一定要懂消费者，有时甚至要比消费者更懂他自己。比如某相机品牌，每到年末都会针对消费者这一年的使用数据做一份统计，然后用 APP 推送出来。

如果按照一般文案的写作方式，出来的可能是下面这种形式的文案：

> 去过 16 个城市
>
> 全年照片总数：××××
>
> ××% 的照片是在一天中的 ×× 时间拍的
>
> 全年拍照最多的一天是：× 月 × 日，拍了 ×× 张照片

这样就变成了纯粹的数据统计，消费者只会一扫而过，对自己使用相机的情况留下一个大概的印象。而更懂读者的文案，需要这么写：

> 你去过 16 个城市，超过 96% 的人，
>
> 其中一定有很多有趣的故事吧？
>
> 今年的 10 月 10 日对你有特别的意义吗？
>
> 你在那天拍了 109 张照片。
>
> 下午是你摄影创作的高峰时段，
>
> 41% 的照片是在下午时段拍的。
>
> 你的照片如果都打印出来……
>
> 加起来比自由女神像还高 86 米。

这样写出来的文案会显得更加形象化、生活化，让人感到贴心。用这样的方式帮助消费者回顾一年的经历，而不只是使用产品后留下的一些枯燥数据，会让消费者对产品的印象更加深刻。

所以，文案如何才能切实做到"比消费者更懂他"呢？重点是不要直接让消费者关注产品，而是让消费者先关注他自己。如同上面这个例子：只罗列数据，消费者无法从中看到自己；而引导消费者回忆这一年的经历，他才能真正感受到这篇文案是为他特意制作的。

文案懂消费者，其实就是满足消费者的某种心理需求，而所谓的"需求"都来源于一个还没有实现的目标。文案要做的不只是发现消费者的这个目标，还必须在适当的时候让消费者感知到这个目标。

在现实中，并不是每一个消费者都具备专业知识和好品位，都能收到"赞与谢"，都具有"整理"的能力。所以，这些文案其实是在塑造一种理想状态下的消费者，尽管不真实，却让消费者很受用，毕竟谁都想成为理想中的自己。

但文案的"懂得消费者"，也不一定是直接或完全指向消费者的。想一下生活中很懂你的知己，未必一定能说出你的所有喜好，满足你的所有需求。有时，仅仅是因为他和你拥有一样的价值观和人生观，你就把他当作知己了。

✓ **实战要点**

◆ 指出消费者现实状况中不合理的地方。但并不一定直接指出来，最好是以文案引导出消费者的需求——对"回忆"和

"场景再现"的需求。

◆ 点出消费者的理想状态。例如，知乎的文案是：

总有一个领域。

你比别人更专业。

好品位，与世界分享。

赞与谢，及时收割。

整理也是一种创造。

抓住读者的痛点，一击而中

痛点就是人们在生活中遇到让自己纠结、抱怨的事，以及各种解决不了的问题时，让人们感到痛苦的点。而文案对读者的吸引力，也可以从痛点中获取。

有时，你确实站在了读者的角度，在文案中指出了读者可以获得的利益，却没有正中靶心，没有将读者最痛的点揪出来。例如，微软的PowerPoint文案：

可以做出非凡的演示，可以节约时间、简化工作，可以随处访问。

上面这几句话都是站在读者的角度说的，指出的也都是读者能获得的好处，看上去没什么问题。但是，和苹果的文案一对比，你就能发现它们之间存在很大的不同：

影院级的动画和效果，让你的观众彻底迷倒。

相比之下，苹果的文案明显更令人心动。原因就在于，它更进一步地指出了读者的需求痛点：人们之所以想要制作出漂亮的幻灯片，主要是为了获得成就感和认同感。

公众号"女神进化论"推出了文案《20多岁的女生，天天在脸上敷多层东西，皮肤会有负担吗？》，文中以作者亲身经历的一个小故事引出中心论题：

最近室友出差，把她的猫托付给了我。于是我当起了她家猫的铲屎官＋饲养员。

前天我问她："猫这个物种，如果喂多了，会不会一直吃到撑出病来也不会停，最后营养过剩？"由这个问题，我想起上次说到的"皮肤负担"内容还没讲完。下面，我们就说说另一类很典型的"皮肤负担"问题——营养过剩和吸收不了。

以前在征集问题时，我发现大家有很多类似下面的问题：

我才19岁，用精华或者"贵妇"牌子会不会增加皮肤负担？

我用了太多功效性的产品，每次护肤时都会叠加很多护肤品，会增加皮肤负担吗？

我面膜敷得太频繁，会不会增加皮肤负担？

我用便宜的产品，会不会增加皮肤负担？

……

我在跟大家聊天的过程中，发现大家都有这样一种"模拟思维"，就像给小孩喂吃的一样，感觉小孩吃饱了，但还是怕他饿，然后就往他口中塞更多的吃的，结果导致小孩"营养过剩"。这和皮肤负担是一样的道理，你觉得皮肤应该"吃饱了"，但因为担心吸收不好，所以又喂了更多的"营养"给皮肤，这也许会把你的皮肤养成"胖子"。

这是一个乍一看哭笑不得，但仔细一想又没办法反驳的理论……

要理解"皮肤营养过剩"这件事，我们首先得从皮肤的功能说起……

文案随后从医学理论角度着重论证了这一问题，耐心地给读者讲解了皮肤保养的原理，并得出了合理的结论。这篇文案就是在对护肤品使用人群做完深入的调查分析后，做出了明确的痛点界定。

◎ 产品用户：二十多岁的女性。

◎ 何种情况下会读此文：对皮肤护理概念不清晰，护肤品的相关知识匮乏。

◎ 给读者带来什么样的价值体验：满足了其心理需求，理论性强，具有说服力。

所有的文案信息都是在确定读者痛点的基础上获得的。那么，文案人应该如何挖掘痛点呢？

挖掘痛点就是要深入探究读者的关注点，并移植到产品上，找出解决方法。读者有什么样的需求，文案就着重介绍满足这种需求的产品功能。

◎ 读者看重价格，就主打产品的价格优势。

◎ 读者注重购买体验，就突出优雅的购买环境和优质的服务体验。

◎ 读者注重情怀，就给产品提升情感价值，与读者达到情感共鸣。

总之，文案要走进读者的内心，真正做到想读者所想，才能成功挖掘到痛点。

通过精确的市场调查和数据分析，我们很容易就能找到读者的痛点。如果文案人能够把这些痛点准确无误地描述出来，并体贴地为读者找到解决办法，就能迅速吸引读者的关注。

例如《益节氨糖鱼油钙软胶囊——和"不死的癌症"说拜拜》这篇文案：

> 所谓"人无骨不立，骨无节不灵"，关节是保证身体运动灵活的"枢纽"或"轴承"，如果"枢纽"运转不灵或者锈蚀，我们的骨头就会产生酸、麻、肿、胀、疼等感受。
>
> 随着年龄的增长，人体的关节软骨不可避免地发生退化和磨损，事实上，软骨的退化自人类20岁开始，35岁以后加速。几十年的关节运动不断地对软骨施压，导致关节软骨的破坏磨损不断加重，表面变得凹凸不平，暴露出软骨下面的骨膜派，使两块骨头之间发生直接接触，刺激骨膜毛细血管内液体渗出，引发炎症，从而导致一种很常见的疾病——骨关节疾病。
>
> 这种被称为"不死的癌症"的骨关节疾病，往往会让人们的生活陷入困扰。在生理上，人们会感受到骨头发出咯吱咯吱的响声，这种难以掩盖的响声，影响了人与人之间的正常交往，也使我们自己倍显尴尬；而寒凉、僵硬、无力，更是让人们的行动变

得困难，生活处处充满麻烦；更有甚者，面对着疼痛和红肿，开始有了对死亡的向往和对生活的绝望。

当绝望进一步蔓延，人们又该何去何从呢？在情感上，受挫、绝望、无助感会同时支配人们，让人们感到失落、焦虑甚至失控，一步步无力地走向"不死的癌症"，又有什么会比这样的"生不如死"的绝望，更让人们绝望呢？

这篇文案中叙述的内容，句句戳中老年人的痛点。随着年龄的增长，他们的身体大不如前，不但影响了正常的生活，还带来了焦虑的情绪。文案人正是抓住了他们心中的担忧，了解他们的需求，然后顺势将解决方法与自己的产品联系到一起。这样，读者就会被文案牵着鼻子走了：原来我存在这样的问题，可以通过这些方式得到解决。所求与所需完美结合，从而实现产品推广与营销的目的。

✔ **实战要点**

◆ 首先，明确产品的用户是谁，属于哪个社会阶层，是什么身份。比如，养生保健类产品的用户主要是中老年人，学习用品的用户主要是学生。

◆ 其次，明确这些用户在什么情形下会购买产品。

◆ 最后，明确自己产品的核心优势，即产品能为用户带来什么样的价值体验。

挑起读者的"自私心理"，告诉他们"你需要这个产品"

人都是自私的，大多数人都是在为自己着想的前提下，决定掏钱购买某种产品或服务。很少人会仅仅因为产品的文案写得天花乱坠，就立刻达成购买行为。

从某种意义上讲，文案就是在利用读者的"自私心理"推销产品。所以，文案人要体贴地为读者将这种"自私心理"包装得美好而温暖。如把"产品不含激素"写成"绝对没有妈妈们担心的激素问题"，一下子就从枯燥的简单说明上升到充满体贴感、亲切感的值得信赖的提醒和沟通。

甲壳虫汽车的平面广告，一直被广告界奉为经典，原因就在于它的每一则广告都独辟蹊径，牢牢抓住了读者最隐秘，却又在情理之中的"自私心理"。

案 例

你因为收入太丰不便购买吗？

对许多人而言，VW是理想的车型，除了一件事：它不够昂贵。他们担心：如果不能把自己有钱表现在车上，就没有人知道他们是有钱人了。

换句话说，他们是为别人而买车，并不是为自己买车。

事实上，确实有人收入颇丰，足以买辆比 VW 好很多的车，但他们并没有这样做——因为他们找不到比它更好的车了。

对他们而言，最好的车，是一辆可以把他们载送到目的地的车，是舒适而经济的车，是无须担心质量的车，是不必经常加油的车，而且几乎不需要修理。

一辆修理费用不高的车。

一辆本身不贵的车。

他们认为拥有了 VW，就有办法存下钱。

所以，下一回发现有人开 VW 时，不要为他们感到难过。

说不定有一天，银行会利用他的存款，借给你做新车的贷款。

上面的文案以反常规的问句作为标题，引起人们的好奇心：以前只听说过由于收入太少而买不起车，没听说过有人会由于收入太多而不买车。开始看正文时，会有很多读者对文案产生认同感：是啊！确实有这样的人，只愿意买价格昂贵的汽车，把车当作炫耀的工具——当读者产生这样的想法时，其实已经在内心设置了一道区隔：我可不是这种爱炫耀的人。

对一辆汽车而言，便宜是优势，但有时也会成为劣势。就像文案中指出的那样，一些人不愿意买便宜的汽车，而另一些人即便愿意购买便宜的汽车，也会心存顾虑。比如，担心别人因此看不起他；出于"一分钱一分货"的心理，也可能担心汽车有质量问题……

而这则文案以一种轻松幽默的方式，轻而易举地化解了这些顾虑。紧接着，文案指出，收入较高的人，也未必只想买昂贵的汽车，他们或许只是想购买一辆更好的汽车，不过真相是：他们无法找到更好的汽车。继而说明并不是昂贵的车才是最好的，最好的车应该是实用的、便捷的、不给人添麻烦的。

✔ **实战要点**

◆ 在介绍产品时，别急于展示自身的优点，要先挑起读者的"自私心理"，明确告诉他们："你需要这个产品，你会从这个产品中获益。"

◆ 简洁明了，步步深入，将读者引入设置好的阅读"圈套"。潜移默化之中，既将产品优势和盘托出，又满足了读者的各种"自私心理"。

与读者产生心灵上的共鸣

很多时候，文案人的内心都会有下面这种苦恼：为什么我的文案无法让读者看下去？为什么我的文案不能让读者产生共鸣呢？

成功的文案能与读者产生共鸣，主要是因为他们不会套用刻板的销售术语，而是给读者一个场景，让他主动进入文案的世界里去。

所以，在撰写文案时，一定要给读者一个场景，让他产生一种身临其境的感受。场景可以是情景再现，也可以通过对话的方式呈现，还可以是场面描写。总之，要使读者在脑海里呈现出画面感，从而令读者在心理上对文案拥有一种认同感和共鸣感。

比如某售楼处文案是这样写的：

活动当天，现场销售火爆，很多业主都和家人一起早早来到售楼处。我到达活动现场时，看到业主们已经在站成一排等待。在大家期待的目光中，活动开始啦！

这是撰写活动类文案时最惯用的手法——直接描写。上面的文案成功地告诉读者活动现场有多么火爆："业主们站成一排等待"。很显然，只有一两个人是无法站成一排的，这就让读者的脑海里有了现场人很多的画面，继而产生下面的心理：原来去现场的人有这么多，下次我也要去看看！这次没去真的很遗憾。

文案人一定要把场面描写得全面生动，这样读者的体会就会更加深入。当他真的跟随你的文案从头看到尾以后，就会对你彻底产生共鸣感，进而产生购买或者进入现场的欲望，这样你的目的就达到了。

当然，你在文案的开头描述完场景后，也要在文案的内容部分多对场景进行细节描写，让读者的脑海里重现你之前讲到的场景。这就是情景植入法，强调的是代入感。因此你必须要尽力描绘出情境，给人画面感。如果你让读者在阅读后脑海中浮现出了画面，那么你就算是成功了。

苏州人文别墅"归去来"的平面广告文案

标题："霜叶红于二月花"。——你之所忆，是否也是女儿之所见？

正文：生活在苏州里的人，有时候也会非常想念苏州。

二十年时光流转，带来了富足近奢的享受，余下的，

更多是对旧时苏州的想念。

那些多年前不可奢望的梦想已成寻常，

而从前质朴的自然生活却又如隔世般难以寻回。

"归去来，田园将芜胡不归？"

故园依旧在，桃花已然红，石板路苔青出裰，

园中井水一样冰冷甘甜……

还好，我们还有归去来。

归去来，苏州故园，人文别墅。

以新建筑构造苏州新生活，

最能还原你记忆中纯粹的苏州味。

似是故人归。

这则广告是"第十四届中国广告节"房地产广告中的获奖作品，获奖评语是"自然质朴的情怀，没有故作尊贵的虚伪，把思忆和怀旧糅合出乡愁的味道，细腻的笔触感人至深"。这则文案把城市的人文情怀与老苏州人对故园的回忆融为一体，用动人的语言来宣传房产信息，让读者在阅读时不由得生出许多情感上的共鸣。

✔ **实战要点**

- ◆ 细节描写。让读者的脑海里重现所看到的场景。
- ◆ 场面描写。把场面描写得深入、全面。
- ◆ 可以以对话的方式呈现。

掌握读者心理，直击人性弱点

文案人一定要懂心理学，懂得越多越好。如果你清楚广告文案的效果能引起读者什么样的反应，并充分运用这些经验增强广告效果，就可以有效地避免失误出现。

人性是很难改变的，所以心理学的大多数原则不但是固定的，也是永恒的。大家都知道，好奇心是让人采取行动的最强动机，只要条件允许，人们都应该尽可能地将其运用到文案创意之中。

下面这则膨化谷物广告文案的成功，在很大程度上就是因为文案对读者的好奇心进行了成功激发。

> 谷物膨胀到原来体积的 8 倍
>
> 枪膛里射出的食物
>
> 每颗谷物内部发生了 125 亿次蒸汽爆炸

这则广告成功激发了读者的好奇心。众所周知，价格便宜的诉求对中产阶级的吸引力并不大。尽管他们讲求实惠，却不喜欢廉价商品，他们希望使用自己买得起的范围内的最好商品。价格便宜似乎意味着他们买不起更好的商品，所以他们排斥广告里有类似含义词汇的出现。

人们认为的"一分价钱一分货"，大多是根据价格对商品做出的评判，因为消费者并不都是内行的专家。在英国国家美术馆中有一幅画，馆藏目录上说这幅画的价格是60万英镑。很多参观者初次从这幅画前走过时，不过是匆匆一瞥而已。后来，当参观者从馆藏目录中得知这幅画的价格后，又折返回去细细品鉴。同样的，有一年春节期间，一家商场推出了一顶售价为6000元的帽子，整整一层人满为患，挤满了前来一睹帽子芳容的女顾客。

因此，在文案中，我们要学会灵活运用这种心理。如果我们推广一个价格昂贵的配方时，在广告中提到其价值不菲，就不会令人印象深刻。如果我们实事求是地公开配方花费了60万元，人们就会对这个配方产生好奇，并对商品产生浓厚的兴趣。

当前，很多商品在销售时都会提供质量担保，这样的营销方式很普遍，已经不是一种十分吸引人的销售手段了。但是，有一家连锁店另辟蹊径，通过提供经销商亲自签名的质保书，成功推销出去商品，赚到了一大笔钱。顾客在购买该款商品时，经销商向其做出书面承诺，只要不满意就能全额退款。因为商品质量由邻里乡亲出面担保，而不是由素未谋面的陌生人来做，这种营销方法吸引了很多顾客前来购买该款产品，成为一种非常奏效的促销手段。

很多商家在做广告时会承诺："使用一星期后，如果您对产品不满意，我们会全额退款。"后来有人想出来一个招数，不收取钱款就把产品送给顾客试用，广告声明："如果您对产品感到满意，请于一星期后付款。"实践证明，这种方法远比承诺退款有效，当然，这种方法商家要承担比较大的风险，需要商家自己做评估后慎重使用。

有一位资深文案人通过下面的例子解释两者的不同："有两个人向我推荐他们养的马，两人对他们的马分别做出了承诺。两匹马都是良马，对人友好，脾气温和，连小孩子都可以骑。一个人说：'把我的马带回去试骑一周吧，如果我说的与事实不符，你就回来要回你的钱。'另一个人说：'把我的马带回去试骑一周吧。如果你对马满意，再来找我付钱。'对比之下，我当然会买第二个人的马。"

把优惠条件只提供给特定人群的营销方式，往往比将优惠条件不加分别地提供给所有顾客的方式更加有效。比如，优惠只限退休教师享有，或者只限退伍老兵享有，或者只限某个团体的人员享有。那么，有资格享受优惠条件的这些人大多数都不会放弃这个优惠的机会。

有一家产品制造商，其产品销量受到了替代品的冲击。为了提高销量，这家制造商在广告文案里提醒顾客："请警惕仿冒产品""请认准您购买的品牌"等。然而，这样做的效果很差，因为这都是一些自私的诉求，只对公司有益。后来，这家制造商改变策略，对顾客说："也请您尝试其他品牌的产品。"并将这句话用作文案的标题，主动请顾客在不同的品牌之间做比较，并且表明不担心顾客把自己的产品跟其他品牌比较。这样一来，情况得到了很大改善。大多数顾客在购买产品时会在不同品牌之间认真比较，确保能购买到最好的产品，由于制造商敢于接受跟其他品牌的对比，所以顾客会认为其产品质量是优于其他品牌的。

有两个生产商在推销几乎一模一样的食品，两者都提供一大袋产品供顾客试吃。一家把试吃产品作为免费赠品提供给顾客；另一家则是在顾客购买第一袋产品后，可以持优惠券任选一家商店兑换一袋免费试吃食品，制造商按零售价格为顾客付款。

结果，第一个制造商的推广活动以失败告终，第二个制造商大获全胜，第一个制造商甚至失去了一大块曾经拥有的市场份额。免费派送一元包装的产品令人感觉该款产品有些许掉价，而且，原本免费就能得到的东西之后却要付钱，消费者肯定是不愿意花这份钱的。另一个制造商按零售价格替消费者付款购买试吃食品，从而身价大涨。

以上这些都属于在销售中会用到的心理学原理，值得引起大家的重视。

✓ **实战要点**

◆ 当我们发现一种成功的方法时，要立刻将它记下来，待日后有机会时方便拿出来用。

◆ 这些原理很重要。用不同的方式提供同样的优惠条件也许会带来数倍的收益，我们必须在商业经验的宝藏中找寻到最佳的推广方式。

第三章

好标题，
两秒内吸引读者冲动点击

标题的目的，是召唤出对产品感兴趣的人

如前所述，广告文案和个人推销的区别，主要是在与人接触的方式上。销售员站在顾客面前是为了得到关注，一个大活人很难被人群忽略，而广告文案却很容易被人们忽视。销售员也许会在一个无购买意向的人身上花大量的时间，因为他无法完全把想购买产品的顾客从人群中挑选出来。但广告文案可以弥补这个不足，它们只会被感兴趣的人群阅读，顾客会主动挑选自己喜欢的广告文案查看。

标题的作用就是挑选出对商品感兴趣的那些人。如果你想和人群中的某个人说话，那么你说的第一句话应该是"嗨，小明"，以此来获得对方的注意。广告文案也是这样，出于特定的原因，你的内容只会吸引到某些特定的人群，你只会关心这些人的感受，然后，你需要拟定一个标题，将这些人召唤出来。

标题党或许能够增加数倍的关注度，但关注的人中也有许多对广告文案产品不感兴趣的人，而你要寻找的人或许并没有意识到，你的广告文案里推销的是他们想要的商品。

其实，广告文案标题的作用跟新闻标题的作用是一样的。没有人会把一家网站当天的新闻全部读完。有的人对财经资讯感兴趣，有的人关

注军事动态，有的人关心政治新闻，有的人爱好娱乐八卦。看新闻网站时，总是有整页的内容被人们一掠而过。通过浏览标题，人们挑选出自己想读的内容。

人们浏览广告文案并不只是为了娱乐。如果一眼扫去，并没有自己感兴趣的内容，他们是不会浪费时间去看你的文案的。比如，推销女士短裙的广告文案，做得不管多么醒目，也鲜有男士主动关注。同样的道理，一则剃须刀的广告文案也不会吸引大多数女士的关注。

所以，你一定要牢牢地记住：人们生活匆忙，时间宝贵，潜在的顾客眼前总有读不完的资讯，即使是花钱买来的书报杂志，其中很多内容他们也都是一带而过的。除非顾客认为你的广告文案值得花时间看，并且广告文案标题简单直接，否则没有人想看你刻意招揽生意的广告。

每一则广告文案都必须有自己的观点。有的文案人喜欢在正文表达观点，有的则在标题上直接表明态度。后者属于观点式标题，它最大的特点就是醒目，可以很快地引发顾客讨论，让不同观点的顾客分别站队。借助这个原理，那些对产品感兴趣的顾客就会被观点旗帜鲜明的标题吸引过来，而不感兴趣的人则被自动筛选掉了。

奥美集团创始人大卫·奥格威曾说："每个标题都应该带出产品给潜在买主切身利益的承诺。它应该像我为赫莲娜·鲁宾斯坦（Helena Rubinstein）的荷尔蒙霜所写的标题《35 岁以上的妇女如何能显得更年轻》那样，给买主承诺某种益处。"

微信在泰国的视频广告

这个世界上有四种人不用微信：

第一种人：记忆力超强的人

视频中的女士放言："最强的记忆力是我的大脑。"

朋友向她借钱，她准确地讲出了在×年×月×日×时×地，朋友借了她多少钱，做什么用，让朋友非常震惊。

与男友约会，男友甜言蜜语道："宝贝，我从来没有骗过你。"

她却反驳道："×年×月×日×时你说在家，其实你是和一个女人在××逛街……"

记忆力强大到这种境界，微信的聊天历史记录功能简直毫无用武之地。

然而，这个世界上没有几个人能拥有这种超凡的记忆力。

既然这样，没有过目不忘功能的你，还是和我一起用微信吧。

……

这则广告文案从一开始就摆明了观点：记忆力强大的人不需要用微信。但因为大多数人没有这种超常的记忆力，所以这则广告是在通过这样的方式反衬出人们使用微信可以得到的好处。

✓ 实战要点

◆ 观点要吸引眼球，但不能毫无下限。如果观点不符合国家的法律法规，违背了人们正常的情感伦理，一篇本来内容不错的广告文案，就会沦为大众口诛笔伐的对象。

◆ 观点式标题要与正文的观点一致，不能做文不符题的骗流量行为。这样做纵然能迅速增加流量和知名度，但会使品牌的名誉受损，不会有人一直买"臭名昭著"者推荐的产品。

把产品最大的优点放入标题

不管你的文案内文多么有说服力，或者产品有多优秀，如果无法吸引读者的注意力，广告是无法取得成功的。

据相关数据统计，在所有浏览广告的人当中，有三分之二的人选择只读标题，这意味着，那些看你广告的人有三分之二左右只会读标题的前几个词语。

大多数文案专家认为：能够赢得读者注意力的标题是广告文案成功的关键要素。《一个广告文案人的自白》的作者大卫·奥格威对标题的看法是："标题在大多数的广告文案中都是最重要的元素，能够决定读者到底会不会看这则广告文案。一般来说，读标题的人比读内文的人多出 4 倍。换句话说，你所写的标题的价值将是整个广告文案预算的80%。如果你的标题没有达到销售效果，那么你就已经浪费了 80% 的广告文案预算。"

很多文案人会掉入这样一个陷阱，认为卖弄文采的双关语或俏皮的语句能构成好标题。但你想一想，当你购物时，你是期望销售员提供娱乐呢，还是希望自己能切实买到物美价廉的商品呢？

答案不言而喻。在人们购物时，都希望商品能够满足自己的需求，同时价格合理。优秀的文案人能够认识到这一点，并把读者最注重的东西放到他们最有可能看到的地方——广告文案的标题中。他们不会装可爱、玩文字游戏，或者耍些驴唇不对马嘴的花招。他们明白读者浏览标题时，只想快速知道产品对其有什么好处。

成功的标题会告诉读者："嘿，听我说，你一定会想要的！"如同邮购文案大师约翰·卡普斯（John Caples）所说："最有效的标题，能够关照顾客的自身利益或提供新信息。"

比如，你要给一个餐厅研讨会写文案标题，这个研讨会主要是教服务员如何提高自己的收入。那么，你不能说：

餐厅服务员请注意：新的研讨会将教你学会商业诀窍。

而要说：

餐厅服务员请注意：新的研讨会将教你让顾客消费额提高320%……否则就退还你的学费。

一名一流的装修设计师，擅长将普通的居室变成漂亮的模板居室，这时他的广告文案不能说：

张工可以设计出独特的居室。

"独特"这样的说法太过含糊，不能让人的大脑自动浮现出生动的画面，没有给潜在顾客任何可以抓住的东西。所以他需要说的是：

一流的室内设计师张工能将你的房子变成豪华的住宅，同时价格低得难以置信！

现在，读者明确知道张工能做什么了，也知道人们雇用他的首要原因是——他能让房子变得漂亮。

一家希望"馋死人"的新品点心房老板，文案标题不能说：

《进来品尝我们最新的精品甜食吧》

而是要说：

甜品爱好者请注意：让你的牙齿陷入这个 100 克重、满是软糖的馅饼吧！

所以，你的文案标题必须能立刻吸引住目标顾客。在一个购物网站上，一家照明设备商店的广告文案标题是："我们将帮你点亮人生，并节省一大笔钱！"这样的标题显然没能吸引住潜在顾客。与之相反，用一个特别简单的标题："需要灯具吗？"特定的顾客一下子就被吸引住了。

✓ **实战要点**

◆ 标题要向顾客展示好处，即读完广告文案后顾客能获得什么回报。

◆ 标题承诺给顾客具体、有用的信息，以回报他看这些广告文案所花的时间，以及购买产品时所花的金钱。

玩点花招，让读者落入标题"陷阱"

作家周而复在《上海的早晨》中写道：……一说出来就不稀奇了。办事就要出其不意，这才有噱头。这里的噱头指的是"花招"。在现代汉语中，"花招"一般泛指陪衬的手法，有时也指骗人的手段；而在文案写作中，"花招"往往能获得一些出其不意的效果。

文案的"花招"一般立足于产品或品牌，通过满足读者的好奇心、给读者某种好处等方式吸引读者，让读者主动落入标题的"陷阱"中。这样的"花招"不是费尽心机的夸张与欺骗，而是一种颇具创意的引导。它会用一种特立独行的声音告诉读者，认真看下去，你就会得到出乎意料的收获。

比如：

《热水给苹果洗澡，居然会流血》

很多人第一眼看到这个标题后，会不由自主地继续看下去。由于这个标题打破了他们的常识认知，引起了他们的好奇心，他们迫不及待地想要知道"流血"指的是什么，为什么会有"流血"现象发生。这则标题成功地激发了人们的阅读兴趣，噱头不可谓不足。其实，这只是一个果蔬清洁剂的广告义案，重点灌输的是产品的某种价值。

再如：

《小站长年收入 100 万不是梦——我的奋斗历程》

这则文案标题，直接触动了人们内心的利益点，人们会被它吸引也就不足为奇了。这是某培训公众号的文案标题，其中提到的"年收入"与每个人的生活都息息相关，而"年收入 100 万"直接点明了这个培训公众号的价值。人们即便知道这是一则广告，仍然会想继续读下去。

✔ **实战要点**

◆ 告诉读者，认真看下去，你就会得到出乎意料的收获。

◆ 标题噱头十足，直接触动读者的内心。

确定消费者群体，突出产品卖点

文案是写给潜在顾客看的，他们是产品的特定消费者。文案写作的目的是宣传产品，为公司带来有效流量与销售。如果文案标题不能瞄准受众、明确卖点，即便噱头再足，也不免"石沉大海""杳无音信"。想做到这一点，就要先明确消费者群体，把握消费者需求，突出产品卖点。

每一件商品都有自己特定的消费者群体，撰写文案标题之前应该先确定消费者群体。然后根据特定的消费者群体，有的放矢地撰写标题。

　　有的人也许会说，这样的方式把消费者范围人为地缩小了，可能会失去某些潜在顾客。其实不然，特定内容的文案标题反而会吸引特定的人群，从而扩大共同话题，带来更多关注。同时，特定人群聚拢以后，还能令一些貌似无关的人因好奇而发生点击行为。所以，确定消费者群体不但不会降低文案自身的吸引力和影响力，甚至还能带来更高的阅读量和关注度。

　　比如：

《为天下父母带来子女教育良方》

　　这篇文案的标题，确定的消费者群体是"父母"。看上去限制了消费者的范围，实则简洁明确，更能引起消费者的重视。这篇文案标题将消费者明确地表达出来，为人父、为人母的人看到以后，自然会不由自主地去点击，了解其中的观点和看法。他们甚至还会主动把这篇文案分享给周围的朋友，带来更多的阅读量。如果这篇文案的影响够深，一些尚未成为父母的人也会控制不住自己的好奇心，产生点击行为。

　　成功的文案标题会让消费者看到以后立刻联想到自己，联想到自己的家庭，并意识到这篇文案也许与自我的社会角色、家庭角色有关。这样，他们便会一步步地读下去了。这种文案标题具有很大的吸引力，而要做到这一点，就必须学会把握消费者的需求。

　　如何把握消费者的需求呢？除了在写作之前认真分析消费者的心理

特点和消费特点外，我们还要在撰写文案标题时使用一些小技巧。例如，不要在文案中使用"我们"，而应该尽可能地使用"你""你们"。再如，用"今天开始……"之类的关键词组成文案标题。当然，还可以用"你应该如何……"的方式建构标题，就像是你在与消费者"打招呼"一样，这也是吸引人关注的最直接的方法之一。

例如：

《周鸿祎的葵花宝典，你敢照学吗？》

这篇文案的标题，加入了一个"你"字，就好像与消费者对话一样，博得了广泛关注。试想一下，如果把这篇文案标题换成《周鸿祎的葵花宝典，我们敢照学》，还能有这样的效果吗？估计很难。因为大家都比较关心与自己相关的事，用上"我们"二字，即便消费者有这方面的需求，也会被这两个字拒之千里之外。

"你们""你""你应该如何""今天开始"，这种对话性词语和句式能够拉近消费者与文案的关系，将消费者需求与文案内容紧密结合起来，是打造文案吸引力的"秘密武器"。

所以，在设计文案标题时，可以针对产品的性质提炼出产品的卖点，并以此来打磨标题。这样的文案标题看上去有些生硬，不够婉约，却往往能产生"立竿见影"的效果。这是因为文案的受众不但是读者，更是产品的消费者，有着独特的消费需求。

买洗衣机是为了节省时间，看电视是为了打发无聊时间，如果我们把产品能够解决的问题清晰地写出来，自然能引起消费者的注意，带来有效流量。例如，"新浪个人家园"的文案标题《家够大，来多少朋友都行》，清楚地突出了"新浪个人家园"的特点，不但没有引起消费者的反感，相反还得到了许多关注。

文案一定要"软"，但并不意味着我们不可以在文案标题中突出产品的卖点。只要处理得当，即便文案中含有产品的名字，也仍然会起到"随风潜入夜，润物细无声"的效果。

人们练习射击时，必须瞄准靶子。文案写作也是如此，想要精准地抓住消费者的眼睛，使文案在特定消费者群体中产生不凡的影响力，就要学会在文案标题中瞄准消费者、明确卖点。

✔ 实战要点

◆ 直接陈述式

你可以在标题中直接陈述观点。比如，你想说学生不该补课这件事，那么标题应该是：《学生补课无益身心健康》，或者《学生补课是在揠苗助长》。

◆ 欲盖弥彰式

让人意识到你的态度，但你不直接说出来，而是通过迂回的方式来讲述。比如，你想说某项工作人们很难完成，标题可以是：《这项工作，即使提供月薪十万元，也没人能做》。

震惊值越高，文案产生的冲击力越大

作为文案人，必须要懂得一个基本的事实：顾客永远都是喜新厌旧的。经验丰富的文案人，往往敢于用新词，善于用新词，有时还能自创句式，形成别具一格的文风。这种独特的文字或视觉效果在广告文案中呈现出来的新鲜感，被称为震惊值。震惊值越高，广告文案内容所产生的冲击力就越大，你的信息就能更快速地传输到读者脑海中，并形成强烈的印象。

新鲜、生猛的字眼，能够一下子吸引住人们的目光。表达同样的内容时，采用震惊值更高的文字，往往有事半功倍的效果。比如，有一则文案标题是这样写的：《不要脸的时代过去了——某某营养面霜》。如果将其改成《不注重容貌的时代过去了》，效果必定会大打折扣。

唐代诗人贾岛曾经为"僧敲月下门"还是"僧推月下门"冥思苦想，导致误闯官道，不料却得到大文学家韩愈的赏识与点拨，最终敲定"鸟宿池边树，僧敲月下门"。这一典故，造就了"推敲"一词。同样，在文案写作中，标题中的每一个字，都值得我们花时间反复推敲，直到找到最佳答案。资深的文案人应当避免采用司空见惯的陈词滥调，诸如：优雅、非常、时尚、完美、惊喜等。

当前，在网络广告文案的传播中，为了追求点击率和阅读量，很多文案成了"标题党"，呈现出"语不惊人死不休"的状态。本书所追求的"震惊值"因消费者而异，如果运用巧妙，确实能让消费者为你的构思而啧啧称奇；如果使用不当，则会适得其反，造成消费者的反感。

比如，东方庭院别墅的文案是：

东方庭院的石头，高明之处在于，不仅勾勒出水乡别墅的型格，还充分考虑到了你偶尔想要休息一下的屁股。

本来念上去很顺畅的文字，到了最后一个词，突然让人有了些不一样的感受。"屁股"出现在别墅广告的文案里，会不会让你的心里"咯噔"一下？别墅商家要的就是这样的效果。

东方庭院位于上海市郊独具江南风情的朱家角。当时，文案作者思考了很久，最后还是坚持用了"屁股"，而不是"臀部"。其实，文案作者还准备了几个备用方案，比如"脚丫子""脚板"等。虽然书面用语看上去美观许多，但呈现效果反而变得不那么明显了。

✔ **实战要点**

◆ 避免采用司空见惯的陈词滥调。
◆ 采用新鲜、生猛的字眼。

爆炸式标题，瞬间吸引读者的眼球

能在极短时间内释放出巨大能量，快速聚合读者注意力的文案标题就是爆炸式标题。爆炸式标题往往不走寻常路，虽然不符合常规，却能带来意想不到的"爆效"，瞬间吸引读者的眼球，增加阅读量。

一则成功的爆炸式标题不但会引爆流量，还能引爆近期的热点话题，自然能带来"爆炸"性的效果。在当前的网络营销时代，流量就意味着传播，若一则文案标题能引爆流量，自然会吸引一大批潜在的顾客。当文案的标题够"爆"够"燃"时，很多与文章、产品关系不大的读者也会情不自禁地去点击，自然会带来更多的流量。顾爷为阿里撰写的超级文案《一亿元》，就可称之为爆炸式文案标题。对于喜欢玩微信朋友圈的人来说，这则文案可谓尽人皆知，即便我们未曾看过文案内容，也肯定对文案标题有所耳闻。这则文案标题为什么能够称为爆炸式标题呢？

首先，其自身就够"爆"、够"燃"，你之前可曾见过如此简洁、直接，而又令人似懂非懂的文案标题呢？其次，这则文案在朋友圈被大量转发，许多知名公众号竞相转载、评论，阅读量大多在百万以上，真可谓刷爆朋友圈、引爆流量。

如前所述，爆炸式标题还能引爆近期话题。移动时代，如果说流量意味着传播、吸引潜在顾客，那么话题就代表讨论度和真正的关注者。如果大家关注你的标题、文案，那么文案中的产品自然也会受到关注，你离产品销售成功就更近了一步。爆炸式标题往往用不走寻常路的方法勾起了大家的好奇心。让大家迫不及待地想看文案的内容，引发了极大的讨论度与关注度。这就是爆炸式标题的"爆效"，令你出乎意料，使你穷追不舍。

爆炸式标题看上去是奇思妙想、神来之笔，其实也有一定的"套路",掌握其中的"套路",再加上一点点创意,任何人都可以将文案创造出爆炸式的效果!

◆ **一是"不走寻常路"。**

所谓"不走寻常路",就是不用他人用过的,或普通人用过的方法,而是开辟自己的新路。打造爆炸式标题就是如此,结合产品自身的特点,走他人未曾走过,或很少走过的路。如果你能开启创意,走好这条路,你的文案标题就会产生爆炸式的效果。

例如,上海大众出租汽车公司的一则文案标题《有困难,找"大众"》,就是典型的爆炸式标题。正常情况下,产品的名称很少直接出现在文案标题中,因为大家担心这样不够"软",会引起消费者的反感。这则文案标题不按传统路径行走,把产品名称直接放在文案标题中,做出了开创性的示范。作者利用同音不同义的方法,将产品名称融入文案标题中,消费者不但不会反感,反而会认为它很有趣。

◆ **二是不合常规。**

不合常规的话语、事情总能引起大家的关注,文案标题的撰写也是这样。如果你的文案标题与正常的事物相背离,违反了传统"道德规范",背离了生活常识,违背了市场认知……总之,如果你的文案标题不符合大家习以为常的"标准",那么你的文案标题就很有可能引发"爆炸式"的效果。

例如，《4年，他在深山里从未下来一步》这则标题就会令人觉得不可思议，迫切地想要知道故事情节的发展。再如一则公众号的文案标题《结婚，女人到底得到了什么》，从对婚姻意义的质疑开始，给人带来了耳目一新的感受。还有某理财公司的文案标题《年息14%，说不安全的人都错过了……》，以质疑金融市场中普遍的利息水平开篇，同样能引起人们的广泛关注。这些文案标题都可以称为是爆炸式标题。

自相矛盾，激起读者的猎奇心理

文案标题的功能在于引起注意，这是说服读者购买产品的关键。对此屡试不爽的办法是，对读者做出看上去矛盾的说法或承诺，在文案标题中运用这种方法，往往会有出乎意料的效果。

《无需开冷气，您家里的每个房间就能立刻凉爽无比。》

《吃得越多，瘦得越快。》

《花得越多，越有钱。》

如果读者看到这些标题，会不会读下去呢？答案是肯定的。这些看上去矛盾的说法，往往更能吸引读者关注。传统的逻辑是"因为……所以……"而矛盾的逻辑是"虽然……但是……"

日本五十铃汽车公司曾经在美国推出了一则轰动一时的电视宣传片，片子主人公是谐星大卫·里特，其饰演的约瑟夫共有五个镜头：

第一个镜头中，约瑟夫说："五十铃房车被汽车杂志评为汽车大王。"屏幕上打出了一行非常醒目的字："他在说谎！"

第二个镜头中，约瑟夫说："五十铃房车最高时速可达 300公里。"屏幕上出现了同一行字："他在说谎！"

第三个镜头中，约瑟夫说："五十铃房车经销商都是富豪，所以他们把它贱卖，只售 9 美元。"字幕还是打出："他在说谎！"

第四个镜头中，约瑟夫说："如果明天你来看五十铃汽车，就能获得一栋房子作为馈赠。"字幕再次打出："他在说谎！"

最后一个镜头中，约瑟夫说："我从来不会说谎，而且，我绝对不是一个吹牛皮的人。"字幕仍然打出："他在说谎。"

这个宣传片充满了自相矛盾的说法，在当时引起了人们的热烈反响，而且还颇受好评，得到《广告文案时代》周刊的赞赏。五十铃汽车由此在美国一炮走红，迅速打开市场。这则利用矛盾说法的文案后来被评为20 世纪美国经典文案创意之一。

看上去矛盾的说法，实则需要文案人的逆向思维，从反面推导出正确的逻辑，达到吸引人们关注的目的。能否先声夺人并不重要，关键是要能出奇制胜。具有矛盾说法的文案正是利用读者求新猎奇的心理，与众不同的说法往往能带来出乎意料的效果。

打破原先固定的思维模式，看上去矛盾的说法其实是对传统逻辑的彻底颠覆。这并非是对逻辑思维的背叛，而是从相反的角度看待事物、认识事物，实质上是提供给读者一个全新的视角和全新的观点，让受众重新认识这个世界。

日本设计师福田繁雄曾经为"反战"题材撰写了一个公益文案：一把开火的步枪，子弹却反向飞回枪管，以此讽刺发动战争者终将自食恶果。这则文案的视觉冲击力和反常识的画面，令人们自发感受到其深刻的内涵，比长篇大论或鲜血淋漓的战争画面更能起到警示的效果。

有一家投资公司曾经以《我是如何运用一个蠢办法致富的》作为文案标题，推出了一篇投资计划推广海报。这是一则看起来非常矛盾的文案，以至于企业里的人都对它不抱任何期待。然而，文案推出一星期后，意想不到的事发生了，前来咨询、认购这项投资计划的人比之前增加了5倍。

最重要的是，这则文案使得该企业扭亏为盈，迅速在市场上打出了知名度。其实，这项投资计划与其之前的那些计划本质上没有什么差别，只是在标题中加入了一个矛盾的说法，获得的效果就完全不一样了。

在普通人看来，致富一般需要巨大的启动资金和强大的人脉关系网，还需要巧妙而复杂的投资理财技巧。但是，人人几乎都有发财梦，而且都有轻松致富的渴望。尽管明知可能性渺茫，不过，只要有一丝希望，大都会想去试一试。

文案中自相矛盾、不合常规的说法，更能激发读者一探究竟的兴趣。读者愿意相信文章中的说法，尽管明知标题有违常理，但还是会义无反顾地去正文一探究竟。读者的好奇心和参与感彻底被调动起来后，就会主动参与到文案中来，一辨真假。

◆ 看上去矛盾的说法，实则需要文案人的逆向思维，从反面推导出正确的逻辑，达到吸引关注的目的。

◆ 能否先声夺人并不那么重要，关键是要能出奇制胜。

制造恐慌，让读者产生危机感

以标题制造恐慌的手法最早见于保健品广告文案中，主要通过恐吓的方式引起读者对文案的关注。特别是对于患有某种疾病的人，恐慌型文案标题更能引发共鸣。当读者看文案正文时，会发现恐吓手法开始转变为讲述某个事实，而且文案中提供的事实能让读者意识到之前自己的认知是错误的，进而产生一种新的危机感。比如：

《如果你不在乎钙和维生素，请继续喝这样的豆浆。》

《30 岁的人，60 岁的心脏。》

《高血脂，瘫痪的前兆。》

《天啊，骨质增生害死了人！》

《人一生中有三分之一的时间是在床上度过的，为什么不选个好床垫呢？》

史玉柱曾说："……满足大家的基本需求，但别忘了，有时候可以把他们的需求转换成恐惧。"恐惧是一个心理学词汇，是心理学中的一个重要的研究方向。尽管大家都说，真正令人产生恐惧的是恐惧本身，但是，恐惧对人类的影响远远超越自欺欺人这一心理范畴。出于对野兽的恐惧，人类建造了房屋；出于对寒冷的恐惧，人类学会了用火；出于对饥饿的恐惧，人类开始种植粮食作物……

一个优秀的文案人必定也是优秀的心理学家，只有从读者的需求出发，才能赢得读者的青睐。不过，"对人有用"并不能保证读者会百分百选择你的产品。于是，那些明察读者心理，把读者的需求转化成恐惧的文案纷纷脱颖而出。例如：

《如果你已经过了 20 岁，这可能是最能激怒你的文章。》

BT 终身信托投资公司以此为标题，陈述了人们应该选择该企业储蓄计划的原因。文案正文以一个颠覆传统思维的说法开始：

一个决定不存钱的人，可能比一个一直存钱到 60 岁的人更有钱。

这是为什么呢？文案中紧接着抛出正题：

一项聪明的储蓄计划能令你事半功倍。当然，前提是你选择 BT。

接下来，BT 公司向读者展示了选择该企业储蓄计划的神奇魔力：

如果重返 20 岁，你只需每年存 2000 美元，一直存到 30 岁，就不用再存钱了，后面的工作只需交给 BT。因为 BT 推算，即便抛开通货膨胀率，客户仍然可以获得 8% 的年均收益率。

如果你决定 31 岁开始存钱，每年存 2000 美元，收益率也是 8%，但你很快会发现，这时的你会辛苦很多，因为需要存够 30 年，而第一种办法仅需 10 年。

随后，文案用一整版的篇幅详细列出了选择两种储蓄计划的基本计算过程，展示了在一个严格有序的储蓄计划中，"复利"所起到的惊人效果，这也是 BT 给客户带来的最大惊喜。

最后，文案画龙点睛地提出：

科学的方法带来财富，BT 终身信托投资公司就拥有这样的储蓄计划。本公司的目标客户群包括了那些想为子孙后代投资的人，以及懂得存钱永远不会太晚的有识之士。

恐惧是众多感觉要素中最能左右人们心理的情绪，许多与生活相关的文案中都融入了恐惧的元素，特别是保险、医药、保健、汽车、银行等。同时，文案也会把读者的需求无限放大。也许读者需要的仅仅是一支普通牙膏，文案却会告诉读者，为了避免选到市场上的山寨或杂牌商品，推荐购买该企业生产的原装进口牙膏。不管是主动还是被动，读者的消费都被"恐惧"掌控着。

当然，恐惧诉求型文案标题要适度刺激才能达到效果。有一项实验表明，当人们面临过于强大的威胁时，一般都会感到害怕。但一周之后，受到中等程度恐吓的受试者更容易被说服，对受到高度恐吓和没有受到恐吓的受试者的说服效果基本相同。这表明，威胁一旦过度反而达不到效果。

所以，恐惧诉求型文案标题要掌握适度原则，威胁的强度太小，会达不到吸引读者注意的目的；而威胁过大，则会导致读者的逃避。比如下面这则笑话：杂志上天天都在宣传吸烟的害处，于是我把杂志戒了。

当然，东方人与西方人的心理有所不同，东方人对于恐惧诉求型文案的接受度没有那么高，甚至会从内心深处排斥这些不祥之兆，人们大都不愿意面对恐惧带来的心理负担。不可否认，恐惧具有震撼力和传染性，但你要确保恐惧不能过了头。如果标题就让读者躲避和排斥的话，那么这篇文案最后注定会失败。

✔ 实战要点

◆ 首先，提出一个与读者切身利益相关，但读者尚未发觉的问题。

◆ 其次，适当增加读者对该问题的恐惧感。

◆ 最后，向读者提供有效的解决方案。

◆ 具体的恐吓营销方式如下：

对号入座：广泛运用大众媒体，特别是电视、网站等，大力渲染问题的严重性，尽可能多地列举各种症状，从舆论上营造氛围，不断刺激顾客的神经，强迫其采取解决措施（购买产品或服务）。

请君入瓮：适用于社区活动、小区义诊等。一问、二诊、三检、四恐吓、五售卖。

情感逼供：适用于少儿产品。这种方式在强调产品功效的同时，尤其要注意攻心，将矛头直指家长。在文案中，应常用反问、诘问等语句。

怎样用好4U标题公式

许多文案人为了吸引顾客，把标题搞得噱头满满，用词相当夸张，效果却并不理想。因为这样精心设计的"趣味"标题，模糊了最关键的销售信息。顾客看完后，只记住了猎奇的部分，但跟产品相关的东西都没记住。

针对这样的现象，美国广告专家罗伯特·布莱（Robert W. Bly）提出了4U标题写作公式：

紧迫感（Urgent）： 给顾客一个必须立刻采取购买行动的理由，比如"限时折扣""限量版货物，即将缺货"等，都是在利用时间元素来制造紧迫感。购物时间的限制条件越多，标题制造的紧张感就越强。

独特性（Unique）： 令人拍案叫绝的文案标题，要么描述全新的事物，要么用全新的方式展示顾客了解的事物。新颖性带来独特性，独特性带来新鲜感，新鲜感刺激顾客的好奇心，好奇心引发持续关注。缺乏独特性的文案标题就是白开水，平淡乏味，没有吸引力。

明确具体（Ultra-specific）： 文案标题不要用过于模糊的描述，展示的东西越具体越好，信息越明确越好。在标题中带出文案内文的线索，让顾客知道你要讲什么，但不知道你会怎么说，让顾客自己判断这篇文案是否有读下去的必要。

实际益处（Useful）： 优秀的文案标题会让顾客一眼看出文章对自己有没有实际好处，没人会耐心看对自己没有实际好处的东西。最好把产品许诺的好处在标题中呈现出来，引导顾客去看内文展示的细节。

如果你不确定自己取的标题好不好，就用 4U 公式来检查一下吧。下面是你在评估标题时，可以参考的一些内容：

◎ 文案标题是否能跟产品做合理的关联？

◎ 文案标题是否跟视觉设计有很好的搭配，足以构成整体性的销售概念？

◎ 文案标题是否能激发顾客好奇心，吸引顾客继续往下看？

◎ 文案标题是否筛选了特定顾客？

◎ 文案标题内是否提及品牌名称？

◎ 文案标题是否提及文案产品的品牌？

◎ 文案标题是否承诺阅读之后顾客能够收获某种好处或奖赏？

◎ 文案标题是否清晰直接？是不是以简单的表达方式快速切入重点？

◎ 文案标题是否已经尽可能具体化？（例如"三周减重 20 斤"，比"快速减重"更能吸引人。）

◎ 文案标题吸引顾客注意力的方式，是否融入了鲜明的销售信息？表达方式是否戏剧化、令人耳目一新？

◎ 避免使用模糊的标题，即不要让顾客必须读到文案内容后，才能知道标题讲了什么。

◎ 避免运用不相干的文字游戏、双关语、噱头或其他文字把戏。那样的广告文案或许有意思，但不见得能卖出产品。

◎ 避免使用含负面情绪的表达方式。

✔ **实战要点**

◆ 首先，问三个问题：

我的顾客是谁？

这款产品有哪些重要特色？

顾客为什么想要买这款产品？（哪些产品特色对顾客而言最重要。）

◆ 等你弄懂这三个问题的答案之后，你就知道自己想在标题中强调的卖点是什么了。随后的工作就是把这些卖点用清晰、鲜明、有趣的方式展现出来，吸引顾客注意，并进一步了解商品。

第四章

讲一个精彩的好故事，效果远胜花哨的营销手段

会讲道理的人，永远打不过会讲故事的人

作家莫言在诺贝尔文学奖颁奖典礼的获奖感言中说道："我是一个讲故事的人，因为讲故事我获得了诺贝尔文学奖，在今后的岁月里，我将继续讲我的故事。"莫言用讲故事的方式为自己、为家乡、为亲朋做了最有力量的代言，让它们被世人熟知。

人们在故事中追寻生命的本质，探究生活的真相。一个好的故事，必定有震撼人心的力量，并能引起人家的好奇，进而口耳相传，经久不衰。在文案写作中，没有什么比一个好故事更有可读性、传播性和感染力了。

这里，先给大家分享一个故事：

> 真理赤身裸体，冻得瑟瑟发抖。他进入村子中的每一家时，都会被驱赶出来，他的赤裸令人们害怕。当寓言遇见他时，他正蜷缩在一个角落里瑟瑟发抖，饥肠辘辘。寓言对他充满了同情，于是把他带到自己的家里，用故事把真理装扮起来，令他感到温暖，随后又将他送出去。真理在穿上故事的外衣之后，再到每户人家的门口敲门，都会被热情地请进屋。

这就是故事的力量，人们在故事的情境中更能感同身受、理解真理。

因为内容是一种"表达型语言"的输出形式，在表达过程中，要求具有场景感、画面感、生动化、结构化，能将这四者完美结合的最好办法就是讲故事。同时，从文案的传播角度讲，最好的传播内容无疑是故事，因为爱听故事是人的天性。所以，将产品融入故事里，把故事融入文案的内容中，就显得尤为重要了。

比如，一提到褚橙，你一定会想到知名企业家褚时健在人生大起大落、高龄出狱后，上山种橙子的励志故事。仅仅将这个故事展现出来，就能让人产生足够多的联想。褚橙的合作电商平台凭借这一点，第二年的销售额就突破了6000万元的大关，虽然其成功的因素很多，但最关键的因素一定是褚橙这个励志故事。

又如，美食微信公众号"文怡家常菜"销售过一款售价1500元的砧板。当期的文案一开始就用了一个自己的故事作为引子，成为这篇文案中最大的关注点。这个故事讲的是创始人文怡几年前在香港生活时，好友送了她一款这样的砧板。香港气候比较潮湿，家里其他的砧板越来越不好用，唯独这块砧板很好用，从来不发霉，一直默默陪她做出一道道可口的饭菜。

这么一段描写理想中的家庭主妇生活的文案，配上产品原有的卖点，不到十分钟就销售了1万个。要知道，在2015年，这样的砧板在整个亚洲所有渠道的销售量加起来都不到1万个。

讲故事的魅力就在于此，它能够让人立刻有身临其境的感受，进而对产品产生情感，这份情感会促使人去行动。对于产品来说，自然会带来高销售额。

讲故事的方式几乎适用于任何产品和品牌，更适用于同质化严重的商品，在卖点上找不到更大的突破点，就可以考虑用故事来加强情感联结。当然，也可以在产品自身具有的特点上，用故事来深化感情。

在场景中讲故事，是我们写文案时必须掌握的一项技能。故事型文案更具吸引力和趣味性，更重要的是通过讲故事，可以让人很快产生代入感。同时，故事中还融入本人想要表达的诉求，并平缓地传递信息，也不会显得生硬。

比如，当你给福利彩票写文案时，按常规文案来写，可能是：

一次改变命运的机会。

而用故事性思维去写，主题同样是改变命运，写法却有了不同：

从前有个穷人，进来买了张双色球的彩票，就变成了"高富帅"。

懂得把故事讲得精彩的人，才有可能吸引住顾客的目光，并成功推销出自己的产品。

✔ 实战要点

◆ 学会找故事

要讲好故事，就得心中有故事。如果没有，就要会找故事。乔布斯有句名言："优秀的艺术家是复制，伟大的艺术家是借鉴。"所以，在日常生活中你需要留意好玩、好笑、幽默、有趣的故事，将其收藏起来，等到有需要时将其"取出"。

◆ 经历是最好的故事

最好的故事是发生在你自己身上的经历。这里所说的"经历"并不单指你自己的亲身经历，还包括你周围朋友的亲身经历。讲述亲身经历的好处是，不但能赢得他人的信任，还能传递亲和的信息。

◆ 多维视角

普通人思考问题，大多就事论事，看问题只看一个点，这属于一维视角；眼界开阔的人，在一个问题中能发现多个相关点，即能够看到一个面，这是二维视角；具有辩证思维的人，会从正反两方面看待问题，有积极、有消极，有内部、有外部，有长期、有短期，能够从事件本身找到无数个对立面，这是三维视角；拥有大智慧的人，能站在时间和空间的不同维度看待问题，所有问题都能够追溯本质，能够观其当下，可以远眺未来，化繁为简，在抽象与具象中自由切换，这样的能力叫多维视角。

综上，如果想让你的故事真正有魅力，文案人应该具备多个视角的能力，这是一种随意穿越时空的能力。提高这种能力，你就能从多个角度"看待"自己的故事了。

为什么同一个故事，不同的人讲出来效果不一样

同一个故事，有人讲得妙趣横生，有人讲得枯燥乏味。白岩松说过："一个好的故事，从内容场面上看，有人和人性、悬念和逻辑，还有更

重要的一项：细节。好的细节，会在聆听者感到倦怠时，将他再次带入故事中。被细节牵引的人，聆听的状态是不一样的。"

而在故事中植入"热点"，是一种细节处理的技巧。这里的"热点"可以是名人故事，也可以是令人意外的"爆点"，还可以是特定群体感兴趣的话题。比如下面这个案例：

雕爷牛腩餐厅，是中国第一家"轻奢"餐饮品牌，其烹饪牛腩的秘方是向周星驰电影《食神》中的原型人物，香港食神戴龙以 500 万元购买而来。戴龙经常为李嘉诚、何鸿燊等港澳名流提供家宴料理，他还是香港回归当晚的国宴行政总厨。所以，他的代表作咖喱牛腩饭和全汤牛腩面，成为无数人梦寐以求的舌尖上的巅峰享受。

这篇文案中的关键词有：周星驰、《食神》、戴龙、500 万元、秘方、李嘉诚、何鸿燊、香港回归、国宴……很容易引起读者的兴趣，吸引他们的注意力。

此外，大家在读一个故事时，一般会经历下面的过程：思维复述——角色代入——投入感情。这实际上是一个"心理模拟"的过程，故事的说服力和吸引力就在于此：它很容易激发人脑中与其相关的区域，令人产生"代入感"。为什么有人读武侠读得如痴如醉，是因为他把自己"代入"了武侠的世界，或代入了其中的一个角色，产生了身临其境的感受。故事型文案也可以这样做，如左岸咖啡馆的平面广告文案。

案 例

下雨，我喝了一下午咖啡

百无聊赖的午后，我独自走在蒙巴那斯的街道上。突然，天下起雨来，我随手招了一辆出租车，满头白发的司机问了我三次："要去哪儿？"我才回过神来。

"到……"没有预期要去哪儿的我，一时也说不出目的地。司机从后视镜中看着我说："躲雨？"我笑着没回答。

雨越下越大，司机将车停在咖啡馆前，让我下车，笑着说："去喝杯咖啡吧！"他挥手示意我不必掏钱了！来不及说谢谢，出租车已回到车队中。

走进冷清的咖啡馆，四名服务员围坐在一桌闲聊着，看到我后立刻起身，异口同声地问："躲雨？"我笑着不知该如何回答。

午后一场意外的雨，让我一下午见识了五个会"读心术"的人，喝了一下午的咖啡。

读完这则文案，是不是有种"身在其中"的感受？好像你也成为咖啡馆中的一位客人，咖啡馆的氛围、香浓的气味、独坐看书的女子，都出现在你的身边。

想要使人"代入"角色，就得先塑造角色。塑造角色，就是在文案中或文案背后设置（或隐含）一个（或几个）人物，然后让他（们）开口说话。如阿迪达斯"我的故事系列"就是用这样的方法，以贝克汉姆、阿里纳斯等名人口述的方式，使人们进行角色"代入"。

大卫·贝克汉姆的故事

"你将经历一些艰难的日子，但是所有这些终将过去。"我是大卫·贝克汉姆，这是我的故事。

回想1998年，我真希望一切都未曾发生过。当时我的表现简直像个孩子，后来我哭了足足10分钟。那时不断有人恐吓我，整整三年半我没有一点儿安全感。这个打击太大了，我几乎想要放弃。后来我在对阵希腊的比赛中进了球，所有的记者都起立为我鼓掌。能让这些苛刻的评论家为我喝彩，对我而言，这一刻非同寻常。艰难的时候总会过去，只要你能坚持下来！

一个完整的好故事包括三个关键要素：简单而清晰的背景、人物和互动、曲折的情节。

如大家熟悉的一个故事："从前有座山，山上有座庙，庙里有个老和尚和小和尚，老和尚在给小和尚讲故事：从前有座山……"这个典型的故事包括了三个关键要素：

◎ 简单而清晰的背景：从前（时间），山、庙（地点）。

◎ 人物和互动：老和尚、小和尚（人物），老和尚给小和尚讲故事（互动）。

◎ 情节：老和尚讲故事的内容。

为什么这个故事大家不愿意听，原因就在于没有曲折的情节，无法让听众产生投入感。如何设置曲折的情节呢？在这里给大家介绍一个编剧学里的公式：

◎ 正常状态；

◎ 遭遇挫折；

◎ 跌入谷底；

◎ 奋起逆袭；

◎ 重获精彩。

比如，周星驰的影片大家百看不厌，就在于他在电影情节设计中很好地运用了这个公式。以《少林足球》为例：

第一阶段（正常状态）：一开场，吴孟达扮演的角色是一个青年球员，深受大家喜爱。

第二阶段（遭遇挫折）：因谢贤扮演的队友妒忌他，他被陷害踢假球，被人打断了腿，沦为俱乐部最卑微的员工，而陷害他的人却成为俱乐部的老板。

第三阶段（跌入谷底）：他被球队开除，沦为无业游民，在大街上偶遇同样因宣传"中国功夫"而屡屡碰壁，且沦落到以收废品为生的周星驰。二人一个为了推广武功，一个为了足球梦，开始组建"足球队"，但困难重重，最后心灰意懒。

第四阶段（奋起逆袭）：正在心灰意懒时，因曾经的情感，少林寺的几位师兄弟重聚，组成"足球队"，开始训练、比赛。

第五阶段（重获精彩）：通过与谢贤组建的"魔鬼队"决战，最终艰难获胜。

◆ 在故事中植入"热点"，或者令人意外的"爆点"。

◆ 增加故事的说服力和吸引力，让人产生"代入感"。

◆ 需要给你的文案故事加入一些曲折的情节。

设置故事诉求的圈套

故事型文案通过叙述主人公的个人经历来表达情感，从而起到宣传产品的目的。由于描写的内容范围广泛，表现形式也不拘一格，最有利于文案人发挥创作才能。

为了宣传波多黎各的旅游业，文案大师埃利奥特·埃尔维特曾经在文案中使用了一张图片，没有直接呈现西班牙全能大提琴家帕布洛·卡萨尔斯演奏大提琴的场景，而是展示了一间空屋子中，只留有一把大提琴靠在椅子上的情形。

这张图片立刻引起了读者的兴趣，"屋子为何空着？卡萨尔斯又到哪儿去了？"想要得到这些问题的答案，读者必须到文案中去寻找。看了文案以后，读者就会有想去波多黎各参加卡萨尔斯举办的艺术节的想法了。这则广告投入市场的前6年，波多黎各旅游业的年收入从最开始的1900万美元，一下子攀升到了5300万美元。

文案人如果能在文案中运用精彩的故事诉求，不但能推销更多的产品，而且能够赢得良好的社会声誉。

最有效的故事型文案是那些能激起读者好奇心的作品。文案一映入读者的眼帘，就足以激起他们的想象和探究欲望，然后读者会去细读，以期弄懂事情的来龙去脉。文案中故事诉求的圈套就设在这里。一篇名为《面临傍大款与自食其力，农村姑娘该如何抉择》的求助信，就充分说明了这一点。

　　故事的主角是来自湖北武昌农村的 25 岁女孩。与其他女孩不同，她喜欢自食其力，拥有自己的事业，当前，女孩经营着一家咖啡店。她说："我一向认为自己什么事都能够解决。但是现在，我也遇到了无法解开的难题，怎么抉择呢？请求大家帮助。"

　　女孩回忆了与男友的第一次相遇，他们是在一个朋友的生日宴会上认识的。之后两人逐渐相识、相知、相爱。男友 1 米 8 的个头，举止彬彬有礼，女孩特别喜欢男孩炯炯有神的大眼睛。两人相处半年多后，女孩真心爱上了男孩，渴望两人能携手一生，甚至违背了自己传统的性格，将初夜给了男孩。后来，女孩知道了男友其实是一个富二代，父亲是一家企业的老板，很有钱，男友在父亲的企业当主管。尽管有过担心，当男孩向女孩求婚时，女孩还是答应了，毕竟那是自己喜欢的人。

　　然而，自从嫁入豪门，女孩发现做富太太的压力太大了。老公要求她关闭咖啡店，认为一个女人如果整天守着咖啡店会影响不好，而且自己家资产颇丰，完全不需要女人去赚钱。可是女孩坚持自力更生，渴望拥有自己的事业。老公对她恶语相向，说女孩这么做是丢人现眼，像自己这么富有的人家，不可能容许有一个开咖啡店的妻子。老公放出狠话，如果坚持不关闭咖啡店，两人只能以离婚收场。

最后，女孩陷入了艰难的抉择，对老公也有了一些怨言。如果因为自己嫁给了一个富人，就一定要放弃自己喜欢的工作，这样的结果并不是女孩想要的，而且她觉得自己开咖啡店也没有给老公丢人。尽管一年不能赚上百万、千万，但赚上十几万还是很简单的。女孩完全可以靠咖啡店养活自己，而且，女孩是用自己的双手挣到的钱，并不是什么不光彩的事。

这篇文案一开始的标题一下吸引了人们的注意力，读者会不由自主地想去看一看内容。故事讲述了一对男女之间的情感纠葛和价值观的对立，在吸引读者津津有味地读故事的同时，也带出了咖啡店的广告，这就是故事型文案的圈套。

尽管故事诉求型文案有如此大的魔力，但是文案人要记住，不要去编故事，而要把自己想象成文案的主角，将自己的感悟移情到文案主人公身上。对于自己未曾经历过的故事，要尽可能避免去写。

如果具备了真实性、情感性和戏剧性，故事就会成为好故事，是能引起大家口耳相传、经久不衰的优秀故事。会讲故事，营销的技巧也就掌握了一大半。

✔ 实战要点

◆ **真实性。**

真实的故事让人感觉贴近生活，亲切可信。很多人在看文案时，如果还没读完就能发现很多漏洞，这就显得文案具有欺骗性，他们或许都看不到最后要植入的产品或服务部分。所以，真实的故事更能引起大家的情感共鸣。此外，真实的故事更具有传播性，大家会主动传播那些他们愿意相信的故事。故事流传越广，宣传效果越好。当然，真实并非一定是事实，而是必须符合真实生活的逻辑。

◆ **情感性。**

故事是联结消费者与产品的纽带，所以讲好故事必须从"情"切入，打动消费者。叙述任何人都会遇到的亲情、爱情、友情故事，会比较容易塑造情境、还原场景，也更能直击消费者的内心，引发情感共鸣。在这个基础上巧妙地植入产品，不但不会引起消费者反感，还能引起消费者对产品的认同感和归属感。

◆ **戏剧性。**

故事的发展离不开矛盾和冲突，平淡的故事远不如曲折波澜的故事更能让消费者投入感情。戏剧性的故事情节能引起消费者的阅读兴趣，使其记忆更为深刻，还增加了口耳相传的趣味性。在真实性的基础上，故事发展中如果有产生矛盾到解决矛盾的环节，或有主人公遇到困难到解决困难的过程，会更吸引人，也更加好看。

文案讲故事，有趣才精彩

什么样的故事会令人想读？首要的一点自然是有趣。人们为什么喜欢玩手机？就是因为大家都渴望在手机里发现有趣的内容。没有人会特意去看广告，但只要你写的广告足够有趣，无论多长，都有人愿意读下去。

关于怎么写出有趣的故事型文案，广告文案专家提供了很多方法，比如运用夸张的词汇，制造意外或反差、自黑、自嘲、自我调侃，在文案中讲一个好玩的故事，等等。比如，下面这两则模拟炒股 APP 产品的微博文案。

第一则文案是：

A 股创 7 年新高，牛人免费提供股市猛料（附带链接）。

第二则文案是：

媳妇打算去炒股，我担心她把房子都赔进去，给她下了一个虚拟炒股的软件，由于百分之百真实模拟，她一直没发现是假的。昨晚她眼眶红红地告诉我有 100 万元被套住了，这两天她干活特勤快，也不逛淘宝了，我要告诉她真相吗？

不说了，她端着洗脚水过来了，那个软件在这儿——（附带 APP 链接）。

两个文案的传播效果大相径庭，第一个只有十几次的转发，第二个的转发量达到了 5000 次，读者转化率也比前者高得多。干巴巴的说明与好玩的故事，哪个比较有趣、更吸引人阅读，一目了然。

文案想要讲出好故事，需要经过千锤百炼。无论是宣传品牌还是推销产品，故事情节都必须能让读者紧紧跟随，各种信息环环相扣。要让文案故事有吸引力，首先必须要有趣，这个有趣必须是让读者感到有趣，而不是你自己觉得有趣。

✓ **实战要点**

◆ **肯定自己，联结他人。**

故事能否引起消费者的共鸣，关键不是你在讲，消费者在听，而是你认同消费者的理念，让这个理念变成一个可以沟通的桥梁，把产品与消费者联结在一起。例如，德芙巧克力的一句广告语是——"愉悦一刻，更享丝滑"。

◆ **引起关心。**

就像人们看电视时，虽然频道很多，但能让他们关心的频道却只有几个而已，文案故事要做的就是成为引人注意的那几个频道。想要引起消费者的关心，必须有一个好的故事开头，即"承诺消费者，这个故事值得你关心"。比如，我们常听到的"很久很久以前"。

◆ **让消费者成为故事的一部分。**

引起消费者的关心后，故事的铺垫也很重要。人们不喜欢直接知道答案，而喜欢自己猜出答案。因此，故事文案要注意组织各种信息，把消费者拉进故事中，给他们一定的信息提示，让他们自己猜出答案。

巧妙融入品牌故事，加强读者对品牌的印象

当今社会信息大爆炸，产品同质化现象严重，品牌更是多得数不胜数，仅手机类产品，就有华为、苹果、小米等上百个品牌。消费者在琳琅满目的产品或服务中会做出什么选择，关键要看品牌在消费者心中的分量如何。

在文案写作中，巧妙地融入品牌的故事，能够在无形中增强品牌在消费者心中的印象，提高文案的感染力和可读性，加速文案的传播，提高品牌的认知度。

所有品牌的诞生都有其独特的地方，追溯品牌的缘起，同时也为消费者带来一种情景还原的体验。特别是一些具有历史积淀的品牌，更能激发消费者的情怀。

曾经广泛流传的德芙巧克力，其背后凄美的爱情故事，就是经典的品牌故事。这个故事几乎尽人皆知，不管真假，消费者都愿意相信，因为这个故事讲得凄婉唯美、令人感动，容易将消费者带入其创造的情境中。

故事叙述的是一个希腊皇宫的厨师与公主相爱了，两人由于地位悬殊，无法在一起，他们没有相互说出自己的心意，只能把爱默默地放在内心深处。后来，公主必须嫁给邻国的王子，厨师送给她一盒巧克力，这盒巧克力是厨师表达情感的唯一机会，他用热巧克力写下了"DO YOU LOVE ME"的字母简写，即"Dove"。结果，当巧克力送到公主手上时，字已经融化了，厨师的爱意公主不得而知，二人因此擦肩而过。

后来厨师离开皇宫，选择了经商。经过苦心经营，他终于研制出了香醇持久的固体巧克力，巧克力上被牢牢地刻上"Dove"的字样，以此来怀念他和公主错过的爱情。

此外，英文"Dove"的中文意思是"鸽"，寓意和平，而且"德芙"的谐音是"得福"，也蕴含着深深的祝福。当大家把德芙巧克力递到对方手里时，既是爱的追求，也饱含了对对方的美好祝愿。

德芙的品牌爱情故事苦涩又甜美，而这恰恰也是巧克力的味道，故事将"德芙"这一品牌注入了人类永恒不变的主题：爱。这是一个为爱而生的品牌，无论何时，"爱"始终不会过时。所有人在一生中都会拥有爱情，或甜蜜，或苦涩。每当大家食用德芙巧克力时，会自然而然地联想到爱情的味道，这就是这一经典故事带来的效应。

一个动人的品牌故事能够赋予品牌以性格、态度和灵性，进而传递企业文化，传达品牌内涵。比如，兰州七堂酒馆一篇宣传"玫瑰瓮酒"的文案，没有直接指明酒水的口感如何，而是为我们讲了一个动人的"酒故事"。

明崇祯丁丑年，李自成率军入川，因战事粮乏，川北人携家带口涌入川中，成都城里饥民无数。腊八节，七堂馆主（第三代掌门）搭灶施粥，与堂倌们一起从子时开始备米、赤豆、花生、栗子、核桃、红枣、红糖等，架柴生火。辰时祭祖，朝晖刚刚落在锅沿，馆主便手持大勺开始施粥。

隔壁香料坊刘姓女子过来帮忙，她身披缎面貂裘斗篷，高挽罗袖，接过堂倌手中大勺，与馆主并肩挥臂施粥。馆主平日只觉该女子容貌姣好，今日更感叹其善良勤劳。施粥结束后，馆主留女子共进晚餐。女子身上散发的玫瑰香气馥郁绵长，馆主询问后方知，刘姓女子得家传制香秘技，身上的玫瑰香便是自己亲手提炼。

后来，馆主与刘氏喜结连理。他们在儿子百日酒当天合作调制了一款"玫瑰瓮"。此酒呈玫瑰红色，入口留香，口味回甜，后劲饱满，象征着他们的日子甜蜜、红火，直至子孙后代。

上面这个故事赋予了"玫瑰瓮酒"与中华文化相融的文化品格，更加打动人心，同时也展现出这款酒背后的文化故事。其实，七堂酒馆的每种酒都拥有一段或感人至深，或惊心动魄，或平淡甜蜜的故事，七堂酒馆的掌门人们也都致力于将中国酒与传统文化进行极致的融合。

七堂酒馆讲述的品牌故事，都在传承七堂酒中蕴含的文化精神，既宣传了产品，也宣扬了品牌的文化内涵。

✔ 实战要点

◆ 故事必须打动人心，或感人至深，或惊心动魄，或平淡甜蜜。

◆ 将消费者带入文案创造的情境中。

如何讲好创始人故事

许多人喜欢苹果手机，并非仅仅因为其精致的外表和良好的体验，还在于其掌门人乔布斯的个人魅力。有人说："三个苹果改变了人类。第一个是夏娃的苹果，带我们看到这个新的世界；第二个是牛顿的苹果，带我们了解这个新的世界；第三个是乔布斯的苹果，带我们体验这个新的世界。"所以，乔布斯成为苹果手机最好的代言人。

讲好创始人的故事，就能写出一篇精彩的文案。创始人是企业的精神支撑，创始人的形象、气质、性格，直接影响到企业未来的发展。在"互联网＋"时代，每一个企业的掌门人都在为自己的企业代言。比如，马云是阿里巴巴的代言人，雷军是小米的代言人，董明珠是格力的代言人。将精彩的创始人故事讲述出来，有时比硬性的产品宣传更有力量。

创始人成功创业的历程必定不是一帆风顺、一蹴而就的，多是历经多重磨难才打拼出来的。刘强东、任正非等人的创业故事人们早已耳熟能详，这在无形中为他们的企业增加了附加的精神价值。将创始人为了事业与梦想打拼的故事讲述出来，稍加包装与渲染，就能打造出属于自己的创业传奇。

我国最大的辣椒制品生产企业"老干妈"，其创始人陶华碧的传奇创业故事也一直为人们所津津乐道，文案故事的开头便一下子引起了人们的注意：

一个农村妇女，在短短6年时间里，创办出了一家资产达13亿元的私营大企业。这个大字不识几个的农村"老干妈"，连文件都看不懂，她是如何创办和管理好拥有 1300 多名员工的大企业呢？

然后，故事叙述了老干妈创始人陶华碧的创业经历：

由于家里贫穷，陶华碧从小到大没读过一天书。为了生存，她很小就去打工、摆地摊。1989 年，陶华碧用省吃俭用积攒下来的一点钱和四处拣来的砖头盖起了一间房子，开了个简陋的餐厅，取名"实惠餐厅"，专卖凉粉和冷面……

文案故事以陶华碧的生平小传形式撰写，从中反映出她的诚信经营、不懈拼搏，以及不向命运屈服的高贵品质，特别是她在自身文化程度极低的情况下，抓住时机的市场眼光尤其令人敬佩。"老干妈"的创业故事将农民的朴实性格和勤劳谋生的现实境况相融合，深受消费者的喜爱，从而产生了良好的宣传效果。

✔ 实战要点

想讲好企业创始人故事，可以参考下面三点：

◆ 关于失败；

◆ 关于成功；

◆ 有感染力。

如何讲好企业故事

　　企业故事是企业文化的组成部分。同业竞争是企业面临的最大危机，同种产品不同的企业都在销售，但消费者却仅仅能记住有限的几家。想要在企业间的竞争中脱颖而出，成为消费者在选购产品或服务时的首选，打造好企业形象是其中最关键的要素之一。把企业从时间、空间的维度上发生的事件以生动形象的故事呈现出来，让消费者产生认同感，就能达到事半功倍的效果。

　　很多企业在发展壮大的过程中，都会经历一段苦心经营期，都出现过失败后从头再来或险些破产的情况，也会有一些重大的转折事件。把这些曲折的发展历程用故事的形式包装起来，就会产生精彩的故事内容。这其中就包括了企业的发展历程、产品种类的变化过程、与时代背景的关系等内容。

　　知名化妆品企业雅芳曾经推送过这样一篇文案——《这家公司叫雅芳》：

　　　　雅芳，一个家喻户晓的品牌。

　　　　但是，在这个熟悉的名字背后有你不熟悉的故事。

　　　　你知道雅芳拥有多少年的历史吗？

　　　　你知道雅芳是如何起家的吗？

　　　　雅芳这个名字从何而来？

　　　　雅芳在广告史上是如何占据一席之地的？

　　　　你知道雅芳与自由女神像的渊源吗？

你知道雅芳是何时与中国女性结缘的吗？

……

今天，我们就来讲一些关于雅芳的故事。

这个故事，要从 129 年前开始说起，

诞生：一个意外的成功。

……

　　这篇文案后面按照时间顺序叙述了雅芳公司的前身——加州香氛公司的诞生过程，即如何招募女性销售员令女性获得经济独立、如何发行杂志、为何更名"雅芳"、经典广告如何形成、如何上市、如何打入中国市场等。在这些经历中，最引人注目的就是在 1986 年，雅芳诞生 100 年的时候，恰逢美国自由女神像百年纪念，为此，雅芳赞助了自由女神像的修复工程。这正是雅芳最引以为傲的**事件**，也是雅芳最有力量的代言。

　　消费者在阅读这篇文案时，不会感到阅读流水账式内容时的枯燥，而是从文案梳理的发展历程中，感受到雅芳不断追求新目标、敢于尝试新模式的创新精神。雅芳公司在消费者心中就如同一位独立、有魅力的女性人物一样，而这也是雅芳公司不断为世界各地的女性所打造的形象，这就将雅芳公司的形象与消费者融为一体，引起众多女性消费者的共鸣。

　　在市场经济的大潮下，企业如果不努力创新，就有被淘汰的可能，残酷的竞争可能会令企业的发展历程跌宕起伏，如果能把企业如何起死回生、在市场竞争中杀出一条血路的经历包装成故事，就会令消费者看到企业战胜困难的实力，引起消费者对企业的关注，增强消费者对企业未来发展的信心。

媒体人赵武明先生曾为兰州蓝酒业集团撰写过一篇文案：《兰州蓝酒业集团携手宜宾高洲酒业强强联合——打造老百姓喝得起的名酒》。故事叙述了宜宾高洲酒业由于得天独厚的地理环境、别具一格的经营模式及严格的管理制度，取得了辉煌的成就。但随着人们对健康生活的追求，白酒销售陷入较为低迷的阶段。这时，兰州蓝酒业集团联手宜宾高洲酒业，为适应当今人们的健康意识，倡导消费者健康饮酒的潮流，主张生产低度优质的白酒，并特别推出浓香型兰州蓝系列白酒以适应白酒发展的新趋势。文案部分内容摘录如下：

> 中国白酒香型变革与进化，经历了由无序发展到派系发展，再由派系发展到多元大成的一般事物发展过程。当前，中国白酒发展的纪元性大事件又可以写下浓墨重彩的一笔了。兰州蓝酒业集团携手宜宾高洲酒业，强强联合，优势互补，打造老百姓喝得起的名酒。
>
> 一个是具有得天独厚优势的白酒基酒原产地，一个是省会城市中致力公益事业的爱心企业。他们以酒为媒，携手打造出老百姓喝得起的名酒。

由于人们消费观念的转变，兰州蓝酒业集团销售此前已进入低迷期，但他们审时度势，与宜宾高洲酒业强强联合，最后顺利渡过考验期，又生产出了深受人们欢迎的好酒。这篇故事的描述真实可靠，使人们对该企业的决策力和执行力有了深刻了解，因此赢得了人们的信任。

文案中的企业故事包括：

◆ 企业故事；

◆ 员工故事；

◆ 销售故事；

◆ 推广活动故事；

◆ 与企业相关的其他故事。

如何讲好顾客故事

讲顾客的故事是文案营销中最常见的方法之一，不管是长篇文案，还是电视广告中的情景故事，绝大多数的主角都是顾客。由于顾客是整个营销活动的终端，营销的最终目的是将产品卖给顾客，所以卖家讲好顾客故事，就能把这些顾客的消费体验传达给所有顾客，将顾客带入到情景中去。

许多企业不惜重金聘请明星为自己的产品代言，就是利用了名人效应。让明星做顾客，比让普通人做顾客更能引起消费者的关注，产生更大的影响。而且明星的代言能够引发人们的追捧和模仿，从而刺激消费。

旅游类微信公众号"南非高尔夫假期"曾推送过一则文案：《吴彦

祖：南非的生活简单质朴——情定木屋》，里面讲述了吴彦祖和妻子定情的故事。

前段时间，吴彦祖与相恋 8 年的妻子丽萨在南非举行环保婚礼，被很多业内人士称道。吴彦祖说："初相识时，我经常听她说要去南非，觉得奇怪。她那个房子是泥砌的，连电都没有，我第一次跟她过去，住了一个月，发现自己更喜欢这个人了。如果大家可以这样相处一个月，你就会知道是否可以跟这个人过得长久。"他们将婚礼地点选定在南非，不仅是因为丽萨在南非有一套房子，更多的是因为这里对吴彦祖来说有特别的意义。

吴彦祖在之前接受媒体采访时曾透露，自己最想去的地方就是南非，也正是在这个地方，他才找到了心爱的人。

与豪华盛宴、礼宾成群相比，吴彦祖的婚礼确实相当别致。

婚礼只有当地居民和少数至亲参加，是再简单不过的仪式，他们请当地德高望重的大师和他的十多名徒弟做主持人，在丽萨房子附近的森林里，宾客们随意起舞，小动物们不时靠拢，场面单纯而浪漫。

吴彦祖说："婚礼讲求什么呢？就是讲求爱。这一天发生了很多奇迹，在那个空间里，我确切感受到了爱的存在，那种力量很难解释，所有人都被感动哭了！"他接着说："丽萨是第一个带我去南非的人，我们在本地人用牛粪加草料做房顶的房子里生活了一个月。晚上 7 点睡觉，早上 5 点起来，爬山、看星星、做饭，偶尔动物们来'造访'，生活简单淳朴……"

他说："我们就在流淌着光彩、变幻着光线的阳光里，举行完了这场婚礼。"

　　文案通过引用吴彦祖的话，突出了南非对他的重要意义，让顾客沉浸在吴彦祖和妻子在南非的浪漫气氛中，顾客就会不由自主地想追随他，去南非一探究竟，走一走他们心中的男神的爱情之路。事实证明，南非作为吴彦祖的婚礼举行地，确实成为许多游客的蜜月度假首选，这就是名人效应和故事营销所起的作用。

　　当然，并非所有产品都会有明星代言或使用的机会，大多数消费群体还是普通人。普通人的平淡生活缺乏看点，没有足够的影响力，所以想要写好顾客故事，还要注意选取典型的故事情节，再根据消费人群穿插符合其身份的主角。

　　比如，严复初为"小锄头课堂"撰写的文案：

　　　　2008 年 6 月 7 日，

　　　　我参加高考，

　　　　602 分。

　　　　抱回家一摞报纸，

　　　　圈了一下午学校，

　　　　选离家远的 / 选离家近的，

　　　　选专业吃香的 / 选有潜力的，

　　　　选稳妥的，

　　　　不想再熬一年了；

　　　　选冒险的，

　　　　大不了从头再来。

最后，我的志愿序列是：

四川大学，

西南财经政法大学，

南京审计学院。

交志愿表的那天，

老师接过去，问：

提前批怎么没报？

一个铅笔打的勾，

我来到了北京，

没有浪费机会，

在中国青年政治学院读书四年。

班上同学自我介绍时，都会刻意强调，

我本来报的是哪里，

有时想到，

哪有什么注定的故事，

人生处处都是变故。

今年，

我有两个表妹参加高考。

今天，

我们开设了小锄头课堂。

专注于为更远的地方和更多的人提供服务。

第一期，

我们和《读者》一道，

请到了浙江名师郑小侠。

我们想让和孩子一同面对高考的家长，

熟悉高考、理解高考。

这篇文案主要讲述了作者填报志愿的一段往事，也是大多数人在生活中会遇到的抉择问题。文中的故事很具有典型性和代表性，主人公就是你我这样的普通大众，情景也贴近生活。当顾客跟随作者寻求解决的办法时，一句"今天，我们开设了小锄头课堂。专注于为更远的地方和更多的人提供服务。"就把顾客拉入了作者精心制造的"陷阱"中，使顾客遇到的选择问题与"小锄头课堂"结合起来，既走进了顾客的内心，拉近了距离，也达到了宣传的目的。

✔ 实战要点

◆ 以真实发生的事件为基础。

◆ 具有典型性，突出亮点。

第五章

好文案，
不靠灵感靠方法

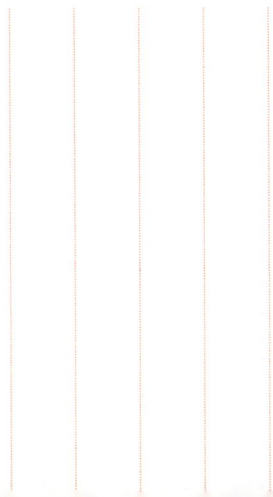

灵感枯竭了怎么办

文案人的工作是创作出能够销售产品或服务的字句与想法。这些想法来自对产品、市场，以及文案使命的了解，进而让顾客心甘情愿地掏钱。

不过，即使是最顶尖的文案人，也会有灵感枯竭的时候。造成这种现象的因素有很多：身体疲惫、信息超载、精神紧张等。究其根源，灵感枯竭的问题往往出在人们的思维方式上。

在日常生活中，有人会表现出比他人更多的创造性思维，但这并不意味着只有这些人才具备创造力。人类能够得以生存和延续，并发展到现在的文明社会，就是因为具有创造力。如果没有创造力，那么当初人们就不会种植谷物、无法学会用火、不会驯养动物、不会制造工具……

对于个体而言，我们每个人每天都在凭借与生俱来的创造性思维选择食物、衣服，甚至是为某件事编造借口。那么，创造性思维是什么呢？

根据定义，创造性思维具体是指一种具有开创意义的思维活动，即人类开拓认识新领域、开创新成果的思维活动。创造性思维方式使人们在遇到问题时，能够多层次、多角度、多结构思考，不受现有知识的限制和传统方法的束缚，思维路线是开放性的、扩散性的。创造性思维在解决问题时存在多种方案，方便人们从多种途径中探索、选择。这种思维模式具有深刻性、敏捷性、广阔性、独特性、灵活性等特点。

对广告文案创作而言，创意的重要性不言而喻，我们先看一则案例。

案例

打破它，你就可以带走100万元

一家广告公司，为了宣传某公司生产的一种新型安全玻璃，想到了一个绝妙的主意：他们将100万元放在了用安全玻璃制造的箱子里面，箱子中只有最上面一层的1000元是真币，其余都是假的。然后，他们将玻璃箱放在公司的外面。许多路人都试图撬开这只箱子，但没有一个人成功。

基于安全考量，这次广告宣传活动只持续了一天半的时间，箱子就被撤掉了。尽管这样，这则广告还是引起了非常大的关注，而整个广告预算只有3000元而已。

作为一种信息传递活动，广告主要以促进销售为目的。上述案例说明，在文案设计中，一个好的创意不但可以节省广告经费，更重要的是它还决定着这则广告能否吸引顾客的目光，并通过这个创意，将产品形象印在顾客的脑海中。

一般情况下，广告策略分为市场策略、产品策略、媒介策略及广告实施策略四类。以产品策略为例，其中又包括产品定位策略及产品生命周期策略、新产品开发策略、产品包装策略、产品形象策略等。广告文案的好坏，是决定这些广告策略能否得以实施，并达到最终目的的关键。

当前，人们生活在各种媒体、广告的狂轰滥炸之中，对广告已经产生了"免疫力"。你的文案凭什么能够从同行业中脱颖而出，引起顾客共鸣，印在他们的脑海中并使他们产生消费欲望呢？

✔ **实战要点**

◆ **整合相关信息。**

在推理小说中，侦探大多数时间都在搜寻线索。他们无法仅仅依靠聪明才智破案，必须先找到证据。做文案也是一样，在解决问题或根据手头资料做出决定之前，要先掌握充分的产品信息。

每个领域的专家都懂搜集信息的重要性，负责实验计划的科学家会先查阅文献，看看之前是否做过一些相关的研究；作家会尽可能搜集所有跟主题相关的资料，包括访谈稿、日记、日志、剪报照片、官方记录、文章等；企业顾问会花好几个星期，甚至好几个月的时间研究一家企业的运营，最后才提出问题的解决之道。

所以，我的建议是将搜集到的各种资料整理成条理分明的档案。在你开始构想解决方案之前，先研究这些档案内容。你也可以利用电脑将资料做成笔记，这样能够增强你对这些资料的熟悉程度，同时为你手上正在处理的问题带来新的观点。此外，用电脑将资料整理成文档，能够让你将大量素材浓缩成几页笔记，往后再从中找资料就比较容易了。

◆ **建立知识档案。**

文案写作中引用的具体信息，包括市场、产品、竞争对手和媒体等。但一般性知识涉及的是你的专业素养，以及你对日常生活的领悟，包括对人情世故、社会事件、生活现实、科学技术、经营管理，以及整个世界的了解。

◆ **尽可能多地学习。**

书籍是学习产业知识的最好途径，不妨多买几种跟你所在领域相关的图书。购买后先大致过一遍，然后保存那些可能对你有用的知识点，并将这些片段按照主题分类归档。

◆ **看跟自身领域相关的微信公众号。**

如果有某个具备10年或以上资历的文案老鸟，开通了跟文案写作相关的微信公众号，你就应该持续关注他的更新，这能让你在短时间内快速学到他人的经验。

◆ **寻找新组合。**

有人说："世界上没有新鲜事，一切都曾经发生过。"事情或许是这样的，但想法未必是全新的。大多数想法只是现有元素的重新组合，你可以在既有想法中搭配出新的组合，借此创造出全新的呈现形式。

比如，时钟收音机的发明人仅仅结合了两种既有的科技：时钟和收音机。当你检视资料时，不妨从中找出可以互相搭配的组合。

◆ **暂时放一放。**

你在努力进行创作时，需要一而再、再而三地过滤信息。你可能会想得头昏脑涨，这时不妨暂时休息一下。

灵感也许在你走路、乘车、上厕所时出现。即使灵感没来，你还是会发现，经过一段休息再回到问题时，你的思考不但恢复了活力，对事情也有了新的想法。灵感枯竭时，你可以暂时放下写好的文案，隔天再重新看一次。很多当时你认为很得意的作品，隔天再看时会发现其实还有很大的改善空间。

◆ 列出清单。

清单能够用来刺激思考，也可以作为新概念的出发点。最好的清单还是你自己想出来的，因为这些清单才能贴近你日常工作中可能遇到的问题。

举例来说，销售员李明熟悉产品的技术细节，可是他很难说服顾客成交。要克服这个弱点，他可以先列出一份典型的顾客拒绝理由，以及应该如何回应清单。以后他再遇到态度强硬的顾客时，就不会重蹈覆辙了。

◆ 征询他人。

尽管福尔摩斯是优秀的侦探，但是也需要华生医生偶尔提些建议。因此，主动征询他人的意见有助于你集中思考，激发出自己从未想过的观点。这些意见经常能为你提供有用的信息，帮助你想出最具销售力的好点子。

但是，对于他人的意见你不必照单全收。如果你认为自己是对的，而且他人的批评没有根据，那么就忽略这些意见吧。

◆ 别轻易放弃新点子。

　　许多管理型的人，他们的批评能力远胜于创作能力。如果具有创造力的发明家听从他们的命令行事，就不会有电脑、高铁、卫星、电灯等发明问世了。

　　创作的过程可分为两个阶段。第一个阶段是酝酿，让思绪自由流动。第二个阶段是批判修改，这时你应该将想法放在阳光之下，检视它们的可行性。

　　许多人会混淆这两个阶段，特别是在酝酿阶段，想法一冒出来，就急着批判。结果是过早做出判断，阻断了自己的思绪。其实这个阶段我们应该鼓励自己，提出更多的想法。你应该避免犯这样的错误，因为许多好点子都是在这个阶段被扼杀掉的。

出招必须要快，第一招就出杀招

　　"天下武功，唯快不破。"根据相关测试，读者的目光扫到文案信息时，停留的时间平均仅有 0.1 秒，如何在电光火石的刹那间吸引到他呢？赢取注意力是一场"战斗"，文字在这场"战斗"中所扮演的角色应该是一把剑，以最短的距离、最快的速度送达。从文案到读者之间，信息传递必须一剑封喉！

　　你要知道，自己仅有 0.1 秒的时间，所以出手一定要快，第一招就要出"杀招"。写文案并非斗地主，"杀招"一动手就要亮出来，别留到最后压轴。比如，你正在销售一款防晒霜，想要告诉大家日晒的危害，就不要从原理或原因开始说，而是直截了当地说结论：

日晒会让你未老先衰。

结论先行，是文案一举拿下读者的最快途径。对于读者而言，读文案不是学知识，不会有人抱着思考的态度来读广告，也不会有太多人关心逻辑和定义。人们的眼睛和耳朵只会对"结论"和"观点"敏感：逻辑越简单，越易于传播；越危言耸听，越容易获得关注。

所以，文案必须一开始就抛出斩钉截铁的结论，先将读者的目光吸引过来。

谣言为何能疯狂传播，除了利用人的恐惧心理以外，谣言的专长就是：先抛出耸人听闻的结论。

牛仔裤杀精！

快餐店的冰块比马桶水还要脏！

可乐会腐蚀你的骨头！

看看这些文字，即便你明明知道这些是谣言，恐怕还是会不由自主地点进去看一看。

对于文案而言，第一印象，大多时候就是"永远的印象"。

文案大师罗伯特·布莱(Robert W. Bly)曾总结了不同形式广告的"第一印象"：

◎ 平面广告，第一印象取决于标题和视觉设计。

◎ 宣传手册，第一印象取决于封面。

◎ 公关新闻稿，第一印象取决于第一段文字。

◎ 电台或电视广告，第一印象取决于播出的前几秒。

不管是哪种形式的广告，读者的第一印象，即他们看到的首个影像、读到的头一句话、听到的第一个声音，是这则广告成败的关键。

✔ 实战要点

◆ 简化结构：核心+精练

撰写文案如果只从结构入手，就好比留下树干，剪去枝叶；留下骨架，剔除血肉。写文案不是写文章，不要求"主谓宾定状补"处处合理，而要用简洁精练的文字传达最核心的产品卖点。如：

全家便利商店：全家就是你家。

中华血液基金会：我不认识你，但是我谢谢你。

大众银行：不平凡的平凡。

上面这些经典文案的共同点在于：它们走的都是"极简主义"路线。没有华丽的辞藻，没有生动的修辞，没有繁杂的句式，只有简单到极致的几个词。

不啰唆，像电报一样精简的文案，是向消费者传递产品信息的最短路径。

◆ 简化文字：删减+拆分

减少没必要的文字。当你对自己写出的文案感到满意后，再尝试着删去内容的30%，这些内容包括：

与关键含义无关的文字、词语；

前后重复的词语；

用更短的词汇代替；

不必要的修饰语；

运用特定句式，让文案看起来很"短"；

尽量减少使用词语，可以用名词组成的句子，但尽量不要使用名词以外的词；

将长句进行断句，相同字数的文案，有断句的文案看起来会显得更短，也更容易让人记住。

直接说重点，从第一个字就开始销售

如果说标题是整个文案中最重要的部分，那么文案的第一段就是次重要的部分。如果文案第一段体现出标题所做的承诺，读者就会被吸引，并继续读下去。如果第一段是不相关、无趣或废话连篇的内容，就会浇灭读者继续往下阅读的热情。

有一份描述机场雷达系统的宣传文案，第一段是这么写的：

时代不同了，当前机场处理空中交通量远远多于20世纪60年代。那时的雷达设计并未思考到未来的变化，以致机场导航控制系统无法处理快速增加的现实需求。鉴于如今机场交通量速率持续攀升，机场监视雷达除了能处理当前的交通外，也要能应对将来更复杂的交通管制需求。

上面所说的都是事实，但读者对象是在大中型机场负责空中交通管制的专业人员，他们能不知道机场的交通量正在不断增加吗？如果他们知道，文案这么写就是在重复存在的事实，浪费读者的时间。

很多文案新手会落入这个陷阱。他们在文案前几段先"暖身"，然后才进入销售部分。等到他们开始说产品时，大多数读者已经离开了。因此，文案应该在第一句就开始进行销售。下面是雷达宣传文案第一段应该有的内容：

> X-900雷达系统能够在145km的范围内，侦测到体积最小的商用飞机。尤其它的L波段应用效率，比S波段雷达高出40倍。

如果你还是认为有必要先"暖身"才能下笔，那么就这样做吧。只要在最后版本出炉前，把暖身部分删掉就可以了，正式版文案一定要从第一个字开始进行销售。

下面是一则未能在开头直接讲重点的例子：

> 提高愿景，开拓新视野！
> ……要做到向来不容易。但开拓地平线正是我们提高目标的目的。由于要开拓地平线，你必须有高瞻远瞩的视野，不仅能看到现在，也要看到未来……

这则文案原本想制造出戏剧化的效果，结果却沦为空洞的辞藻，让读者不知所云。这其实是一则美国空军的征兵广告，服役空军的好处包括旅行、培训和驾驶飞机的机会——为何一开始不强调这些重点呢？

◆ 避免无趣或废话连篇的内容，这会浇灭读者的阅读热情。

◆ 不要重复存在的事实，浪费读者的时间。

从人性最基本的需求入手

移动互联时代并不缺乏文案，但缺乏好文案。对于放在眼前的任何一篇文案，人们能够读下去的文字都是有限的。不管文案是否在推广产品，人们只愿意看那些自己感兴趣的主题的文案。

文案大师霍华德·葛萨奇（Howard Gossage）说："人们不会去读广告，他们只读引起他们兴趣的文字。"所以，文案的首要任务是引起消费者的兴趣。很多研究都发现这样一个事实：极少有人会读到文案内容的50%以上。

一则令人好奇的标题会吸引很多人点击，一幅异想天开的图画也会吸引人们的目光。文案人要懂这样一个道理：人们对自己的兴趣远远大于对他人的兴趣。如何让小明在上班途中看完一篇3000字的文案？只要主题和内容是"关于小明的一切"就可以了。所以，文案的着力点必须是消费者的利益。不管出于什么样的情况、从事哪个行业，消费者肯定对自身喜欢和利益相关的文案最感兴趣。

因此，深入研究消费者的需求，是文案人的必备功课。美国心理学家亚伯拉罕·马斯洛（Abraham Maslow）将人类需求按照从低到高的顺序分为五种，分别是生理需求、安全需求、社交需求、尊重需求和自我实现需求。

文案的着力点也可以从这五个方面入手，层层递进，抓住消费者的兴趣点和利益点。例如，娃哈哈的一篇文案就很好地做到了这一点。

案　例

保持好身材的五大秘诀

文案开篇引入的第一个秘诀是一定要吃早餐，否则不但达不到减肥的目的，而且长期不吃早餐还可能导致胃溃疡、胃炎、消化不良等疾病，出现头晕、注意力不集中、记忆力减退、智力下降等情形。

在第一个秘诀的末尾，有这样一句话：如果实在来不及，可以来一瓶营养快线，水果加牛奶，精神一上午！

文案中间介绍了另外三个秘诀：坚持散步；学会喝水；多吃水果蔬菜和粗粮。这三个秘诀都没有提及娃哈哈产品，给消费者的感觉是，这确实是一篇实用性的文章，满足了消费者追求健康生活的需求。

这篇文案提出的第五个秘诀是每天喝一杯酸奶或乳酸菌，自然地推出了娃哈哈的乳酸菌饮品。这一段先是介绍肠道在人体中的重要性，提出乳酸菌能够帮助消化，有助人体肠道健康的概念。然后，文案介绍了娃哈哈乳酸菌饮品包含的 6 种乳酸菌及各自的功能。

文案最后以一句话结尾：零脂肪，无负担！常喝肠轻松，常喝肠舒畅！为了完美身材，让我们一起加油吧！

文案应该从人性最基本的需求入手，如果竞争对手已经满足了消费者人性最基本的需要，那么，你就应该满足消费者人性较高层次的需求。假设消费者眼前有两台擦鞋机，一台擦鞋机的前面挂着一块广告牌："请坐，擦鞋。"另一台擦鞋机的广告牌上写着："约会前请擦鞋！"消费者会选择哪台擦鞋机为自己服务呢？根据试验结果，选择后者的比例远远超过前者。

为什么两块广告牌字数相差无几，带来的效果却大相径庭呢？这是由于后者切入了人类更高层次的追求，在情感上引发了人们美好的联想。所以，文案不但要着力于消费者的兴趣和利益，更要注意不断提高满足消费者的需求层次。

消费者有社交本能，渴望得到他人的认可，也渴望获得较高层次的社会地位和荣誉。例如，现在很多文案采用品牌策略，赋予产品身份地位的象征意义，让消费者趋之若鹜。这其中包括钟表、珠宝、高级服饰，乃至豪华别墅、高档汽车等相关文案，都洞悉到人性渴望获得尊重的本质，因此，在文案中都着重宣传了产品的高端品质及拥有者的尊贵地位。

这类奢侈品的宣传文案在消费者心中产生移情，最终使其乖乖地掏钱，更成为许多经济上承受不起的消费者梦寐以求的目标。例如珠宝品牌尚美巴黎，广告文案中会突出其法国皇家御用顶级珠宝的地位，而且会特别强调其创始于 1780 年的悠久历史，塑造出其是历史最悠久的法国国宝级珠宝设计翘楚的形象。

很多运动品牌的文案，并不会特意凸显运动鞋的防汗、透气等功能，而是展现穿着该产品后，能够达到的健康生活状态。

例如 1906 年于美国创立的 new balance 运动品牌，倡导慢跑的运动习惯和生活态度，强调"享受每一步，跑对每一步"。通过在社交媒体上与消费者持续沟通，和彩色跑、现场互动游戏等的推广，new balance 品牌成功引起了消费者的兴趣。同时，借助本土明星制造的话题和关注度，以及系列微电影和视频短片等传播组合，new balance 品牌迅速将"总统慢跑鞋 / 精英鞋"的形象传递给世界各地的消费者，让他们亲身感受并建立起"new balance 慢跑专家"的认知。

✔ **实战要点**

使人感兴趣的文案需要有：

◆ 一种精神理念。

◆ 一种价值观。

◆ 一种生活状态。

第一句话的目的是引导读者读第二句话

如前所述，不管是什么形式的广告文案，想要第一时间吸引到读者，就必须把文案的第一句话写好。即便那些靠画面取胜的广告形式，画面设计也始于文案说明。

如果说文案标题能够起到画龙点睛的作用，那么文案开头第一句则起着开宗明义的作用，文案人必须以开场白将消费者一击而中。世界博达大桥广告的创意总监曾经说："只有 4% 的读者会在这则文案写得特别烂的情况下坚持读超过 70% 的内容。所以，文案人的任务是击败这个比例。"

既然第一句话这样重要，那么你希望读者做什么呢？当然是去读它。如果读者不去看你最开头的那句话，那么他们更不可能去读第二句话。

文案怎么做才能令人非读不可呢？答案是使它简单有趣，以至于每一位读者都想去完整地阅读它。如果你看过很多经典的广告，就会注意到，很多文案的第一句话都相当短，几乎不成句子。下面是一些典型的例子：

> 这很容易。
>
> 这一定会发生。
>
> 减肥并不容易。
>
> 对抗电脑的是你。
>
> 向 IBM 致敬。

句子很简短，易于人们阅读。这样，读者一开始阅读就能马上陷进去。如同一个火车头，刚开始启动时，它的工作很费力，要消耗大量的能量。但火车一旦开动，接下来它就会很轻松，而且后面会更加轻松。

广告文案中的第一句话，应该是整个广告中最有趣、最吸引人的部分。第一句话应该包含具有高强度感情色彩的词语，并且保证读者能马上被这份情绪感染。不管是欢欣鼓舞，还是兴高采烈，一定要让读者第一眼就看到，并愿意继续读第二句话。

案例

搜狗搜索·知

标题：知最难

正文：你感叹，相识满天下，

这个城市那么近又那么远，

你我之间可以无言不见。

我习惯从你转发的朋友圈，

看你最近的关注和情绪，

知心能几人？

我可以从你点赞的密度，判断你的亲疏和忙闲。

不是我聪明，一念三千，以心为重。

心里有你，便心中有数。

四时皆为觅音时，此刻知音来适时。

我对你默默地懂得！

搜狗搜索的这则广告文案以"知"为主题，却没有直接讲网站的知识检索功能，而是以"知心能几人"为切入点。人与人之间的相互理解并不容易做到，故而文案开头就说到"知最难"，一下子让广大读者联想到自己的处境。因为知音难觅，所以更要利用搜狗搜索来四处寻觅知音。整篇文案提供了一种社交经验，把产品的特点恰到好处地做了展示。

很多媒体进一步衍化了这样的技巧。它们的文案不是以一句简短的话开始，而是用一种很大的字号表现出来。一旦它吸引了你的注意力，你就会翻看这篇文案的剩余部分。当然，你会注意到接下来的字号变小了，第一句用大字号的目的就是让你开始看这篇文案。

在一篇文案中，你的第一句话应该简短且易读，令人注目。注意，不要用很长的多音节单词，要删繁就简，使其朗朗上口、意犹未尽，这样读者大多会接着去看第二句话。

第二句话的目的是什么？是为了让读者读第三句话。在这里，不用提产品优势、产品介绍、唯一特性等词汇，这些句子的唯一目的就是让读者能够持续地读下去。如果你忘记了广告开篇的唯一目的是不惜一切代价吸引读者的注意力，那么你就有可能失去读者，因为他们对文案已经失去了兴趣。

下面，把广告范例中的情形与面对面推销做个比较。如果在开始的几分钟内，销售员的演示让目标客户想睡觉，或听不下去直接走掉，那么这个销售员就算是失败了。文案写作跟推销是一样的道理，如果文案第一句话里的每一个词都没有办法吸引读者，那么将读者转化成真正买家的机会就微乎其微了。

成功的广告大多是遵循这样的模式来写的，只有少数是例外。如果在广告开篇就说些招揽生意的话，不是不行，但这个办法一般不是很有效。记住，一则广告中所有元素的唯一目的就是为了让读者读第一句话。如果你掌握了这个要点，就能拥有一个好开端，就能深刻地理解文案写作及其说服过程。

此外，许多文案人还会以文字游戏、双关语及一些与产品毫不相关的信息作为内文的开头，希望借此吸引读者。在文案末尾给读者留一个惊喜，来一个漂亮的收尾，把产品最有吸引力的利益点留到文案最后，这种做法大错特错。如果读者不能在一开始就看到产品最吸引人的好处，那么他可能连标题都懒得看完，因为读者最感兴趣的仍然是产品的实际功效。

在文案开头第一句成功吸引到读者的注意之后，还要让读者尽可能多地看正文。文案人需要向读者指出他的需求，因为任何一件产品都可能在某种程度上为人们解决某个问题，或是满足某种需求。

✔ 实战要点

◆ 开门见山式开头。

这种开头特点在于直截了当、直奔主题，不拖泥带水。

文案开头第一句引出文中的主要人物，或表明发生的故事，揭示文案主题，点明文案描述对象。这种方式必须运用朴实的语言，快速切入中心，将自己希望向读者传达的内容直接摊开。

例如：

健身达人们保持身材的运动技巧分享，值得大家学习，多亏这种新兴的健身软件 keep 的出现，掀起了一股"科学健身，健康一生"的风潮。

◆ **名言名句式开头。**

采用与文案主题相关的名人名言、经典语录作为文案开头，一般能留住读者的目光。文案人在文案的开头精心设计一个短小精练、意蕴深厚又紧贴主题的句子，或直接选用名人名言、谚语、诗词等，往往能起到出其不意的效果，凸显文案的主旨、情感。读者看到这样的开头，一般会隐形地向内心释放一种心理暗示，认为文案的作者文采飞扬。

这种开头既能吸引消费者，又能提高文案的可读性，还可以引申出故事。文案人可以在文案开头引出一个富有哲理的小故事，或与文案的中心思想相关的小故事，以一句话揭示道理。例如，理财类文案采用股神巴菲特的投资名言"在别人贪婪时恐惧，在别人恐惧时贪婪"，提醒投资者在任何时候都应该保持理性、冷静、不盲从。

◆ **修辞式开头。**

采用比拟、借代、比喻、夸张等修辞手法作为文案的开头第一句。例如：

在大学校园里青春烂漫的时光，犹如手中的细沙，稍不留意，就纷纷从指间流逝，而且一去不复返。

再如，采用夸张的修辞手法：

人们都说，西沙群岛，一半是水，一半是鱼。

◆ 情境导入式开头。

有目的地给读者引入或营造一种文案行动目标需要的氛围、情境，以激发读者的情感体验，调动大众的阅读兴趣。情境导入式开头一般运用在情感类文案写作中，主要起到渲染氛围、预热主题的作用。例如：

春暖花开，阳光明媚。在这美好的阳春三月，我们选择了彼此作为相伴终生的伴侣。我们选了这块绿意浓浓的草地，让蓝天白云见证我们的幸福，接受大自然赐予我们的幸福和亲朋好友们的祝福。在这个春天，让我们走出教堂、迈出酒店，来一场最自然、最明媚的户外婚礼。

说清产品卖点，引爆购买导火索

产品的卖点也被称为兴奋点，是商家站在自身角度，给消费者找出的购买理由。最佳的卖点即最强有力的消费理由，是产品满足目标消费者的需求点。所以，说清产品卖点也是文案营销的关键点。在营销领域，与其说明产品怎么样，不如形容产品是什么。当然，文案在推销产品的同时，必须确保其意图深藏不露。

例如，在酒店行业，青岛高铁快捷宾馆就做了一次出色的文案营销，讲述了一位消费者在青岛旅游时遇到的一段故事。

青岛旅游住宿奇遇

消费者假期外出旅游，首站来到青岛，本来想住的是七天酒店火车站店。可是下车之后，消费者无意中发现一个很少人知道的快捷宾馆，由于七天酒店距离火车站还有一段距离，消费者便决定到这家快捷宾馆一探究竟。

宾馆一楼是小超市和招待所，环境跟七天酒店一样。大厅内有牌子提示这家宾馆的前台在6楼。于是，消费者到6楼咨询，得知可以打折，只要68元一晚，比七天酒店的便宜很多，房间也很整洁干净。关键是宾馆到火车站只有100米，对于这个爱睡懒觉的消费者而言是再合适不过了。

这家宾馆带给这位消费者的惊喜还远不止这些。回到酒店后，消费者习惯性地在网上搜索了这家宾馆，发现其网络预订价格只要58元，还有免费宽带网络接口。最后，消费者呼吁到青岛旅游的人在百度上搜索"58元宾馆"，会有令人惊喜的发现。

青岛高铁快捷宾馆在文案中主打"58元宾馆"的卖点，对于许多经常外出的消费者而言无疑具有相当大的吸引力。青岛高铁快捷宾馆还在与住宿相关的公众号和头条上发布了这则文案，之后其公众号的流量迅速提高。最为关键的是，这里大多数的流量都直接转化成了预订量。青岛高铁快捷宾馆不靠门面，而靠文案实现了天天爆满。现在，青岛高铁快捷宾馆的绝大多数客源都来自网络。

长白山温泉煮鸡蛋为什么敢卖 4 元一个？商家必须为消费者提供一个卖点：这不是普通的鸡蛋。在文案中，商家突出这种鸡放养于野外环境，食物来源是长白山野生植物和昆虫，而且 5 天才生出一个鸡蛋。最后得出结论：因为来源不凡，所以价值不菲。

产品的上市，必须首先在文案中突出一个别具一格的卖点，让消费者在感官视觉上耳目一新，在心理感受上回味无穷。

所以，文案营销是否成功，与卖点的提炼有很大关系。卖点的选择既可以来自产品自身，也可以来自传播的过程。文案突出的产品卖点不但要满足消费者的需求，更应该引导消费者的需求。

卖点是消费者关注的核心点，在产品的营销与策划过程中，文案人应该从消费者的角度出发，提炼产品卖点，并在文案中突出产品卖点。文案的关键在于说清产品卖点，能够说清产品卖点的文案，相当于为消费者的购买决定提供了一条显著的导火索。

✔ 实战要点

◆ 卖"形象"：包括企业、领导者、品牌形象。

例如，雕牌洗洁精在文案中宣传"盘子会唱歌"，香奈儿塑造出创始人可可·香奈儿女士"流行稍纵即逝，而风格永存"的传奇形象，奔驰塑造出"精益求精，永远领先"的形象。

◆ 卖"概念"：推行差异化战略。

例如，预调鸡尾酒品牌锐澳，在文案中主打"饮酒的欢乐与健康的理念并不矛盾"的概念。补钙口服液打出"吸收是关键"的理念。在服装市场，优衣库推出"技术原料"概念，以HEATTECH系列产品为例，从最开始的御寒保暖，到后来的防静电，又添加了山茶花油保湿等，使科技概念成为其在市场中的新卖点。

◆ 卖"情感"：以情动人。

例如乐百氏纯净水在文案中突出"爱像水一样的纯净，情像水一样的透明"的主旨，卖点主打情感诉求，以情动人，打开了消费者的心扉；黏膜保护药丽珠得乐在文案中以一句"其实，男人更需要关怀"直击无数男士的心，引发了社会话题，成功地让消费者产生了品牌联想。

◆ 卖"特色"：创造独特销售点。

每则文案都应该为消费者提出一个销售诉求，即产品的效用。而且这样的产品效用最好是唯一的，是之前的竞争对手尚未提出或不具备的。以功能性诉求作为文案特色的营销，主要突出的不是消费者的行为特性，也不是产品的核心精神文化内涵，而是直截了当、一针见血地传达产品的效用。例如药类文案，细究其文案背后的卖点，会发现它们都主打如"金嗓子喉宝，入口见效""阿莫仙片，可以含的消炎药""治感冒，快，银得非""泻利停，泻利停，痢疾拉肚，请服泻利停"等的实用性卖点。

◆ 卖"品质"：宣扬专业化水准。

在文案中，文案人可以引入专家做证、实验证明、品牌创建历史、售后服务等展现产品和品牌的专业化与权威性。文案可以不直接宣扬产品品质，而是请那些象征着品质的专家、教授、博士、学者等人物现身说法，引用权威性的言论、发表的文案和实验数据等，借力权威品牌、权威机构认证、权威单位试用，以此俘获消费者的心。

观点突出，卖点自然清晰

在读广告文案时，我们时常会有这样的感受：一则文案，如果同时抛出四五个观点，会让人感觉迷茫，不知道文案到底想表达什么。如果文案只着重写一个观点，那么文案的核心观点就会被凸显出来，卖点自然也就能清晰地告诉读者了。

案 例

你要让她将就多久？

热恋时，

别人开车带女友出门。

你牵着她的手说："将就一下，等我有了钱，也开车带你出门！"

后来，她信了。

结婚时，

别人买名牌家具、买两室一厅的房子、买名牌衣服。

你牵着她的手说："将就一下，以后咱们也可以这样享受！"

然后，她又信了。

再后来，

有了小孩，

别人床头国外补品一大堆，还为妻子报了产后恢复课程。

你牵着她的手说："将就一下，咱们得攒钱给小孩买奶粉，以后我一定补偿你！"

她还是信了。

小孩长大了，

老邻居都搬进了大房子，陆续从身边离开。

你依旧牵着她的手说："将就一下，咱得攒钱给孩子结婚，以后我补偿你！"

这一次，她依旧信了。

可是，

以后究竟在哪里呢？

爱她，就别再让她将就啦！

×××阔绰三室，爱要不将就，有条件就该享受。

　　从上面的案例中，你能够很清晰地了解到这篇文案要表达的核心——爱她就不能让她将就。所以，这篇文案从头至尾都围绕着"男人怎么让女人将就"这件事来撰写，读者读后也会感同身受，"没错，我就对妻子说过这样的话呀。"到最后，文案引出主题：爱，不能将就。读者看到这里会恍然大悟——"哦，我这么做是错的。不能让妻子受委屈，不能让她什么都将就。"

但是，如果文案换成下面这种，你还能清晰地了解它要表达的是什么吗？

案 例

爱不将就，也不能廉价，更不可以简约！

热恋时，

别人开车带女友出门，

你牵着她的手说："将就一下，等我有了钱，也开车带你出去！"

看别人穿名牌衣服，

你牵着她的手说："将就一下，咱们买打折的，等我有了钱，一起穿名牌！"

出门吃饭，别人都吃豪华版，

你牵着她的手说："将就一下，吃便餐吧，等我有了钱，也带你吃豪华版！"

后来，她信了。

是不是觉得文案中的第一段就已经令你晕头转向了？是不是觉得这种文案冗长，话说了好多，但就是不明白想要表达什么？

因为人类的瞬时记忆是有限的。所以，你把最渴望读者记住、最想要让读者知道的信息完全展示出来就足够了，并不需要赘述。

广告文案一定要抓住一个卖点来写，这样才能够让读者准确地理解自己为何要去买这件商品，让读者感受到这件商品对他有这样的好处。如果文案将三四个观点一起呈现出来，就会陷入一个杂乱无章的旋涡，读者在阅读时也会倍感混乱，进而选择放弃阅读。

卖点结合热点，借势营销

卖点结合热点，就是把热点事件的相关元素及情感与目标读者的需求及情感，和产品元素及相关卖点进行融合。例如：

在微博上，范冰冰和李晨发布合照，并配上"我们"二字宣布恋情后，立即成为微博上的热点，各大品牌马上借用这一热点推出自己的相关广告。如快的打车立刻跟进发布一条微博，也同样配文"我们"，配图为快的打车和滴滴打车的标志，意寓为快的和滴滴是合并的关系；小米手机也同样发布了微博文案——"我们有礼有范"。配图为一黑一白的小米手机，图上文案为：大黑牛、白富美。有"李"有"范"，不但巧妙地将自己的手机展示出来，并且也将两个人的特点和名字融入其中。

蒙牛在刚刚推出时，宣称自己是"内蒙古乳业中的第二品牌""为民族工业争气，向伊利学习"，利用伊利的知名度推出自己，并通过持续的努力，三年之内行业排名迅速挤进前列。到 2006 年时，蒙牛销售额已经与伊利并驾齐驱。

在营销学中，有一个"比附效应"，指的就是攀附名牌，使自己的品牌与行业中的名牌、大牌产生一定的关联，借此进入消费者的视野。这个方法能够让企业在短时间内被更广泛地传播。在新媒体营销中，无论品牌大小，都乐于借用社会热点的势能，让自己的品牌也能一起被讨论。

需要注意的是，无论什么样的热点，都不能陷入恶俗的境地。如高洁丝在范冰冰和李晨宣布在一起时，广告文案是"冰临晨下，我是不是要撤军了？"尽管会有一定的话题性，但与高洁丝一贯的清新形象不符，综合来看会对品牌形象的推广不利。

此外，不是所有的热点都能跟。正能量的热点大多数品牌都会追，但有争议的，甚至是负面的热点，还是尽量不要追，以防伤害品牌形象。无论品牌是哪种类型，都应该保持正确的价值观，不要挑战消费者的下限。

热点常常转瞬即逝，所以在时效性上会有严格的要求，而且往往没有太多准备时间。只要有热点相关和品牌或产品的植入这两个条件，并且在此基础上还能做到情感共鸣的话，就可以算是一篇优秀的文案了。

✓ 实战要点

◆ 文案要与热点相关。

◆ 产生情感共鸣及品牌或产品的植入。

人为制造悬疑：通过疑问让读者不断探究

你是否发现生活中存在这样一个有趣的现象——大多数追剧的人，很容易一集接一集地看下去。再认真去研究一下你就会发现，电视剧每集的最后几分钟大多会留下一个悬念，令观众迫切地想在下一集中找到答案。

这种通过设置疑问令人想不断地探究下去的方式，在广告文案中常常用在开头，也会散布在长广告文案的中间位置，目的就是吸引消费者能够继续看下去。

如有关绘画的公众号"顾爷"，给支付宝做过一个广告文案，标题是《梵·高为什么自杀》，激发了对绘画和梵·高感兴趣的消费者的疑问，探索下去还会被不断设置的悬疑进一步刺激，使他们不断进入广告预设的情境中去，看到最后消费者才发现，这居然是支付宝的广告。

这则广告文案在发布后很快带来了大量转发，并且突破了 10 万的阅读量，甚至被评为 2014 年最受关注的文案之一。这种前面讲了很多和广告自身没有太大关系的内容，最后话锋一转把广告露出来的形式，已经被很多专门写广告文案的公众号运用。这样的方法如同文案大师约瑟夫·休格曼（Joseph Sugarman）所说的滑梯效应："每个广告元素都必须引人入胜，这样，你就会发现你好像从一个话题上滑落，无法停住，只能一滑到底。"

再来看看休格曼的一个用悬疑来做滑梯的经典案例：休格曼创办了一家专卖便宜货的企业，名叫"消费英雄"，下面的广告是投放在杂志中的。

案例

热销

副标题：一种新的消费者理念使你可以购买偷来的商品，如果你愿意冒险的话。

广告语：保证无迹可寻。

我们保证偷来的商品如同全新的一样，不带有任何先前所有者的标志或痕迹。

（大多数读者读到这儿，怎么可能忍住不继续往下读呢？）

文案：我们开发了一种震撼人心的新型消费者市场理念，它被称作"偷"。对，就是偷！

如果这听起来很糟糕，就请你继续往下看。消费者被劫掠了，通货膨胀让我们的购买力在不经意间下滑了。我们的钱大幅贬值，无辜的普通消费者的钱被强取豪夺、无情践踏了。

所以，可怜的消费者试图回击。他们聚集起来，在华盛顿游行，抨击价格上涨。

由此，我们开发了一种围绕价值展开的新理念。我们的核心思想是劫富济贫，拯救大家的处境，如果幸运的话，我们还能赚点钱。

随后文案进一步阐述引用这个概念，说服消费者购买那些有瑕疵的商品，然后修复它们。在这里，消费者只需花费 5 美元，就能加入俱乐部购买这些商品。

在这篇文案中，一开始的副标题就用到了悬疑句式——让消费者购买"偷"来的商品，然后进一步强调——保证无迹可寻，对这个"偷"的概念进一步加强，从而引起消费者的疑问——这是怎么做到的呢？继续看下去才能明白——哦，原来是在解释"消费英雄"的销售模式。此时，这篇文案的目的完美达成了。

造悬疑和提问题有些类似，但造悬疑的原因是刺激消费者继续探索，为了解最后的答案继续看下去。而提问题最直接的目的，则是引起消费者对于相关问题的思考。

✔ **实战要点**

◆ 讲故事适合同质化严重的产品或服务，也可以用于卖点显著的产品或服务。

◆ 提问题更适合于有明显特色的产品。

◆ 讲情怀适用于非生活必需品或情怀类风格的品牌。

◆ 造悬疑重点在于解决方案，也同样适用于一般广告。

别让读者看出你是在做广告

尽管我们在广告文案创作时可以遵循一定的规律，但其实文案写作没有一成不变的标准，而是应该推陈出新、永无止境。你在刚开始学写广告文案时要讲究章法，当你把基本功练好后，就可以把"突破常规"

作为新的发展目标了。

出类拔萃的广告文案虽然千姿百态，有一点却是相似的，那就是——不像广告。当读者第一时间意识到你写的是广告时，就会产生抵触情绪。要么直接放弃阅读，要么对你讲述的内容百般质疑。那种不厌其烦谈论产品的常规文案套路，虽无出格之处，却也没有亮点可言，读者肯定不会喜欢看。

那些不像广告的文案，并不直接谈论产品，而是致力于唤醒读者的某种情绪。读者的情绪被唤醒后，会自然而然地联想到产品，进而认可产品。古人说的"欲擒故纵"就是这个意思。所以，我们应该千方百计地把文案写得不拘一格。当然，前提是不违背广告文案作为销售工具的根本属性。

看看那些在新媒体上被疯狂传播的文章，除了纯粹的娱乐或实用信息，居然有相当一部分是广告。大家都不喜欢广告，却愿意传播和分享广告，理由很简单：要么是明知它是广告却仍然被打动，要么是由于并未察觉到它是广告。

几年前，在国外的脸书、推特里，国内的微博、微信中，一封信忽然走红。这是一个名叫凯蒂的小女孩用蜡笔写给谷歌的一封信：

亲爱的谷歌：

在我爸爸上班时，你能够给他放一天假吗？比如让他在星期三休息一天。因为我爸爸每周只能在周六休息一天。

附：那天是爸爸的生日。

再附：现在是夏天（暑假）。

很快，凯蒂爸爸的领导丹尼尔·席普蓝克夫给她回复了一封邮件：

亲爱的凯蒂：

感谢你的来信和你提出的要求。

你的爸爸在工作上一直很努力，他为谷歌和全世界亿万人设计出了很多美丽的、令人欣喜的东西。

鉴于他的生日即将到来，以及我们也意识到了在夏天挑个周三休息一下的重要性，我们决定让他在7月的第一周休假一个星期。

祝好！

丹尼尔·席普蓝克夫

两封信一曝光，立刻吸引了成千上万的人转载，不管是媒体还是普通网友，都在主动进行传播。在主动传播的人群中，有多少人意识到这是一篇宣传谷歌的、精心设计出来的广告？即使意识到了，又有多少人会讨厌这篇文案？所以，最能激发人们分享欲望的文案，莫过于"不像广告的文案"。左岸咖啡馆的平面广告文案也是如此。

案 例

她又要离开巴黎了

人们说，女子不宜独身旅行。

她带着一本未完成的书，独坐在咖啡馆中。

那是一种阴性气质的书写，

她喝着拿铁……咖啡与奶，1比1，

> *甜美地证明着"第二性"不存在。*
>
> *那香味不断地从她流向我，*
>
> *绝不只有咖啡香。*
>
> *这是 1908 年中的一天，*
>
> *女性成为一个主要性别，*
>
> *她是西蒙娜·德·波伏娃，*
>
> *我们都是旅人，遇见在左岸咖啡馆。*

如果把广告中的左岸咖啡馆换成其他地点，就是一部微型历史小说。西蒙娜·德·波伏娃是法国存在主义作家，文中的"第二性"出自其社会学著作《第二性》。该书被誉为"有史以来讨论妇女的最健全、最理智、最充满智慧的一本书"。左岸咖啡馆借助这位知名的女作家，来传达女性应该独立、自爱、奋斗不息和热爱生活的理念。

人们对广告文案有着天然的戒心，除非广告的内容足够打动人心，或形式足够创新，"伪装"得足够好。文案教父路克·苏立文（Luke Sullivan）曾说："人们不是为了看广告而去买杂志，为什么要让你的广告看上去像广告呢？"

✅ **实战要点**

◆ 在写文案之前，要先忘掉你要写的文案形式。也就是说，你要先想象世界上并没有平面文案、社交媒体文案、产品文案这些东西。

◆ 写文案要从一张白纸开始，甚至都不要去想那张白纸。

第六章

好文案，
要懂得和读者调情

掀起"禁忌"话题的一角，大胆谈性

有一年，一对男女把私奔的消息发布到微博上，一夜爆红，转发量高达 7 万多次，一时间被网友们戏称为"私奔体"。

杜蕾斯敏锐地捕捉到这个热点，在次日下午便创作出一条微博，很快掀起了又一轮的话题讨论：

> 私奔需要准备 3 样东西：1. 杜蕾斯；2. 现金；3. 一起私奔的他（她）。
>
> 大家说呢？

性是一个敏感的话题，杜蕾斯很擅长抓住这种"有一点禁忌感，又大胆谈性"的感觉，制造一点点"大家都懂"的暗示，再加上文字的幽默感，很容易在网络上引发讨论。

比如，杜蕾斯在 2014 年平安夜的一条微博：

> 希望你今晚收到宝贝，而不是宝贝儿。

电影《一步之遥》上映后，杜蕾斯的微博文案是：

> 一杜之遥。

擅长借用"禁忌"话题，是杜蕾斯文案成功的一大法宝。由于其对品牌形象"人格化"的定位是"花花公子"，所以掀起"禁忌"话题的一角自然是最佳选择。

当然，尺度的把握也很重要。人们之所以对充满"暗示"的话题欣然接受，是因为有"心照不宣"的快乐，有可供想象的余地，如果搞笑得太直白，就会失去这种诱惑力。

✓ 实战要点

◆ 不要说得太露骨，以免引起女性消费者的反感。

◆ 秉承"逗趣"的原则，适当加入幽默感。

与其让人阅读，不如让人想象

顾客对文案的评价，很大程度上取决于他们的想象力。他们会根据你描述的情形，在脑海里展开联想，设想自己做出购买决定后，会给生活带来什么样的变化。如果你在文案中不厌其烦、面面俱到地展示所有的信息，他们就会感到枯燥乏味。因为他们完全丧失了想象的空间，只是在被动接收你发布的信息，毫无积极思考的乐趣。

与其让顾客看你的说明，不如引导他们去合理地想象。在文案中留下提示线索，文字信息"犹抱琵琶半遮面"，给顾客构建一个想象空间，让他们自己用想象力去补完那半遮半掩的销售信息。这样做的好处是，顾客不会认为你的广告文案单调乏味，而会更有兴趣地继续看下去。

比如，杜蕾斯的父亲节文案是：

> 向所有使用我们竞争对手产品的人们道一声：父亲节快乐！
>
> 当父亲的成本：奶瓶费、奶粉费、保姆费、童车费、童装费、玩具费、尿不湿费、学费、生活费、买车、买房、结婚开支……
>
> 不当父亲的成本：杜蕾斯。

这则文案的潜台词是，当父亲要付出很多精力、时间、金钱，非常辛苦。文案以委婉的语气调侃了那些不想生小孩，却又没使用杜蕾斯避孕的男人，通过对比"当父亲的成本"与"不当父亲的成本"，来强调自家商品的价值，构思非常巧妙。

✓ 实战要点

◆ 不能过于晦涩，让顾客不知所云。

◆ 不能太浅显易懂，那样就跟直接透露答案毫无区别了。

构建场景传达人情味

文案大师约瑟夫·休格曼很重视在广告文案中倾注人情味。在他看来，初稿看起来什么样都没有关系，关键是文案人要能把自己对所写话题的全部感受和情感都倾泻在纸上。初稿文字不完善可以反复修改、打磨，但没有注入人情味的文案，即使文字再优美，依然无法打动读者。

读者最喜欢看的就是具有场景感的内容，从带有场景感的文字中感受到浓浓的人情味，以至于产生开放式的联想和情感共鸣。所以，你要在文案的词汇中附带强烈的情感，可以是正能量的，也可以是负面的。通过这些具有感情色彩的词语，文案将会营造出一个让读者感同身受的阅读情境。

案 例

支付宝：十年账单有话说

钱包比男人靠得住，
每天早上刷余额宝，
你懂的。

信用卡还款一直准时，
永远都是最后一秒，
哈哈哈！

给四五套房子交过水电费，
没一套是自己的，
没所谓。

转账最爱选的表情是，

可我还剩着，

求包养。

业绩从未挤进前三，

支出战胜了91%的人，

我赢了。

看数字，

都说你败家，

包养你，

打开账单，才知道你多败家。

支付宝的《十年账单有话说》设置了好几种不同的人物视角，以他们的口吻叙述了生活的压力。这则文案中最能抓住读者眼球的，莫过于"业绩从未挤进前三，支出战胜了91%的人，我赢了"的大数据统计结果。许多读者通过对账单，弄清了自己的消费水平在全国的排名情况，他们纷纷把自己支付宝里的《十年账单有话说》的图片截下来，在朋友圈里传播，与亲朋好友进行比赛。凭借这一点，这则广告在当时流传得很广。

由于人情味与场景感混合而成的化学作用，读者在阅读过程中会对你设置的情境感到舒适。他们会把文案从头到尾一口气读完。比如：2014年年底霸占朋友圈的"环卫工过年想回家的图片"；2016年年初火遍微博的"情侣大鹅临别前亲吻图片"等。

在很多人看来，这些都是非常不起眼的事情，为什么会造成流行和传播呢？因为它们和大众产生了一种情感的共识。这些图片能让你发现动物之间的真挚感情，进而联想到人类的情感。

这时你会发现，自己已经很久没有真正留意过妻子了，她已经慢慢变老；你还能联想到孩子、父母，这些人竟然从没被你仔细端详过；再联想到第三者、出轨、拜金等物欲横流的现象，你会对真挚的感情形成一种高度渴望。当大家都联想到这些以后，再配以简单的文字描述，这张图很容易便流行起来了。

✔ **实战要点**

◆ 在文案的词汇中附带强烈的情感，可以是正能量的，也可以是负面的。

◆ 寻找文案配图的时候，应该抓住大家的情感共识。挑选出令大家一眼就能看懂，能够产生共鸣的图片和文字相配。

卖的不是货，而是情怀

戴尔·卡耐基（Dale Carnegie）曾说："当你与人打交道时，请记住，你不仅仅是与一个遵循逻辑的物种交往，而且是与一群富有情感的生命交往。"

启动情感，通过情绪、情感的刺激，可以达到吸引注意、打动人心的目的。情感可直接作用于大脑，从而影响大脑，情感、情绪更容易直达人的内心，并引起强烈的记忆和感受。

多项脑研究的结果表明：当我们对某人或某物产生强烈的情感反应时，混合荷尔蒙就会释放到血液中，加速和强化大脑中神经突触的联系。人类的大脑灰质层有 1000 多亿个神经元，虽然单个神经元不会起很大的作用，但它们相互联系起来时，魔力就产生了。这些魔力产生作用，会影响到人类的记忆。

曾经有一部电影，在国内上映短短 5 天，票房便突破了 10 亿元，这部电影就是《魔兽》。但是，这部电影在其他国家的票房和评价并不是很高，这说明了一个问题，大家看的不是电影，而是情怀。

广告文案同样如此，想要创作出优秀的文案作品，就要学会卖情怀。人是情感动物，购物时表现得特别明显，尤其在网络购物方面，许多消费者的购买行为都属于冲动性购买。相关调查显示，多数消费者是由于"我想要"而买，而并非"我需要"才买。

在逛街时你是否注意到，每个门店的橱窗都是一个店铺中最漂亮、最吸引人的区域。这样的橱窗装饰会花费设计师极大的精力，以达到不但体现品牌的风格，更要能触动目标人群的效果。甚至有的店里播放的音乐，也是精心挑选出来的。这些做法都是在营造出一个场景，而这个场景的最终目的就是激发人们内心深处的情怀。

情怀是一种高尚的心境、情趣和胸怀，如大家常说的"生活不止眼前的苟且，还有诗和远方"中的"诗和远方"，就是典型的情怀。在文案写作中，你需要调动所有能用到的资源来营造这样的情怀氛围。如用具有情怀的文字，甚至图片、音乐等，将目标人群带入品牌所需要的氛围中去。

淘宝上有一个文艺风格的女装品牌——步履不停，它有一个很经典的"情怀文案"：

> 你写作时，阿拉斯加的鳕鱼正在跃出水面；你研究报表时，梅里雪山的金丝猴刚好爬上树尖；你挤进地铁时，西藏的山鹰一直盘旋在云端；你在会议中吵架时，尼泊尔的背包客端起酒杯在火堆旁。
>
> 有一些穿高跟鞋走不到的路，有一些喷着香水闻不到的空气，有一些在写字楼里永远遇不见的人。出去走走才会发现，外面有不一样的世界，不一样的你。

像这样的文案，就很具有代入感，把大多数人心中的情怀激发了出来，引起大多数上班族的共鸣，并被人多次引用。

当然，除了用文字外，还可以用其他合适的资源来增强这样的情怀代入，如典型的卖花平台"花点时间"，用唯美且有品质生活内涵的场景图片，搭配对应的音乐，极力营造出一种享受精致生活的情怀。

案例

这样的感觉刚刚好

如同秋日午后的阳光，总是带给人温暖惬意。这样的舒服刚刚好，如同失落时听到一首涤荡心情的歌，总会认为下一刻又可以重新出发。这样的感觉刚刚好，不偏不倚，不重不轻。需要的，也不过如此。

这样的文案就像诗歌一样，重点在于营造出一种温暖而惬意的生活方式和生活态度。标题下方搭配了一首音乐，配合着音乐来看文案，消费者很容易产生自己只要拥有了一束鲜花，就能够拥有温暖和惬意的生活的感觉，内心对于美好生活的情怀就会被激发出来。

讲情怀特别适用于文艺风格的商品，也同样适用于非生活必需品，通过宣传一种生活方式，营造出具有情怀的氛围，以达到让消费者有代入感的目的。

情怀特别适用于女性消费者，她们在买衣服或化妆品时，一般不会思考自己是否特别需要，买后自己是否会立马使用，购买的因素很多都是单纯的"想买"而已。

所以，广告文案摆事实、讲道理，费尽心思，远不如一句触动情怀的话更有效。例如健康、快乐、年轻、赚钱、爱情等话题，都可以被充分利用起来。

✔ **实战要点**

◆ **讲故事。**

用文案情怀触动消费者的情怀。想要做到这一点，必须对消费者人群进行精准定位。

◆ **产品详情页。**

围绕产品的描述要循序渐进，层层递进，不突兀、不夸张，用幽默、灵活的语言让整个页面活起来。

◆ 图文并茂。

主题一目了然，简明扼要。如活动主题、促销主题等尽可能做得更具吸引力，让消费者有购买的冲动。重点是刺激读者的购买冲动，而不是购买需要。

情景对话式开头，让读者用最短时间融入文案

你在生活中与朋友遇见后的第一句话是什么呢？应该不是"你好！"而是"嘿！"，所以，你在撰写文案时也要这样做，上来就直接写"嘿！"当大家去阅读时，就会自然而然地产生一种亲切感。

比如，你要写一个红包活动的文案。那么，你在开头就应该这样写：

嘿，你听说了吗？外面在发红包。

啊？是吗？还有这种好事？

当然啦！××万元红包大派发，只要进入到公众号××就能领到。

真的？那我去试试。

从上面的例子中你发现了什么？没错，就是日常生活中大家经常会用到的一些对话。这也是对话类文案开头最基本的要素，你一定要用人们在生活当中能脱口而出的、最直接的语言来表达你所要讲述的故事。

这样开头的好处在于：营造一种紧迫感和全民大讨论的感觉，让读者在最短时间内融入文案。

尽管对话类的开头能够让你的文案具备一定的活跃感，但千万不要忘记，你是在撰写文案。在对话当中，由于字数的限制，一般情况下很难让读者完全搞清楚到底该如何参与活动。这时你要做的是：在文案的合理位置重新说一遍参与方式。甚至在文末把活动的参与步骤详细写出来。这样，读者才能够在得到你的启发后，根据你的引导逐步参与到活动中。

当然，这样的对话类开头并不是什么类型的文案都适合。如果你想要突出福利或活动，才应该去写这种类型的文案。如果单纯地想写一篇企业宣传文案，那么我的建议是最好不要选用这种方式。

采用对话类开头的文案，讲清楚对读者的好处及文案的背景事件很重要。你手里拥有足够多的故事，并能够给出读者足够多的好处，就可以选择这样的开头类型，可以直观地调动读者阅读。

✔ 实战要点

◆ 首先要学会的一点是：模仿。将你在日常生活中碰到的人们之间的对话记录下来，然后尽可能地还原。

◆ 把活动的参与方式和大家所能获得的奖项写进去。这样文案会具备你预想中的作用，可以引导大家清晰地参与到活动中来。

适当煽情，暗中指向营销目标

人是一种情感丰富的生物，每天被七情六欲操纵和影响着。友情、亲情、爱情，甚至同情都对我们起着潜移默化的作用。而公益就是集聚人们同情心、悲悯心和社会责任感的圣地。巧借公益，适当煽情，是文案写作的一种技巧。例如，星巴克的公益广告活动"抬头行动"：

你是否觉得一些东西正在消失不见？你的朋友就在身边，但你却不知道她真正在想些什么；你的爱人就在身边，你仍然选择用手机交流；网络连接起了所有的事情，但为什么我们却感觉彼此之间如此之远！

抬头！是时候采取行动了，鼓励身边的人抬起头并且珍惜身边的人，抬起头，寻找爱，不论在网络上还是在现实生活中，行动比语言的能量更大。

在这则文案中，星巴克强调了快节奏的生活方式和高科技的移动设备让大多数白领终日紧绷着神经，埋头处理各项工作，忽视了与家人、朋友的交流。为此，星巴克在社交网络上发起了"抬头行动"，鼓励人们用一杯茶的时间，让自己停下来，休息一会儿，抬起头欣赏周围的风景，与最亲的人聊聊天，感受彼此。

短短五天时间，有超过 200 万人加入，他们的行为被 4 亿人见证。巧借公益，以适当煽情的方式，既引起了人们的关注和兴趣，又巧妙、不露声色地宣传了自己的品牌，展现了自己独特的品牌文化，可谓一石二鸟。

牵手公益，为企业营销、产品推广能做的事情还不止上述一种。落点在人们的情感沟通之上，借助公益活动的宣传和参与，还可以帮企业和品牌拉近与消费者的距离，增加彼此的信任。例如：慢严舒柠微信公众号曾发布过一篇文案《李咏先生传递爱心"百圆一丁"在星城》，叙述了在2014年教师节期间举办的，由中国扶贫基金会、著名节目主持人李咏、中国咽喉药领导品牌慢严舒柠发起的"咏关爱教师健康基金"公益行动，分别在广州、长沙、北京等地展开，得到了广大企业家、名人明星、教师学生、媒体等社会公众的大力支持和积极响应。

在活动中，作为"百圆一丁"项目战略合作伙伴，湖南老百姓大药房推出消费者每购买一盒慢严舒柠清喉利咽颗粒，即捐赠一袋慢严舒柠清喉利咽颗粒，并可以累计进行捐赠的活动。这些捐赠的药品将投放到需要关爱的教师人群中，用于教师咽喉疾病的治疗及日常养护。

这篇文案的推送，以慢严舒柠举办的公益活动为主要内容，叙述了关于"咏关爱教师健康基金"的故事，但文案的目的不止于此，它含蓄地表现了桂龙药业在公益事业这片蓝海中是一个负责任的大企业的社会责任形象，顺理成章地展示了企业文化，塑造了正面的品牌形象，拉近了与消费者之间的距离，增强了消费者对品牌的信任感。

人类是有情感的高级物种，消费者需要的不仅是简单地接收信息，更需要真切地感受信息，与自己的情感产生共鸣。牵手公益，文案的推广落脚于人们情感的沟通和交流，在温情的氛围中，拉近与消费者的距离，增进彼此的信任，不知不觉中指向营销目标，何乐而不为呢？

这样的文案一般多用于营造和烘托一个氛围，你只需要将这个氛围不露声色地呈现出来就好。如果消费者感受到了你传递给他的氛围，他就会在心理上与你的情感达到共鸣，从而自然而然地根据你营造的氛围和思路进行思考。

人们因为情感欲求而购买商品，并用逻辑证明其正当性。所以，在文案中通过触及人基本的欲望和需求，可以有效唤起消费者的情感反应。

✔ **实战要点**

◆ 消费心理学家概括出人类共有的8种基本"欲望"，也可以称之为"八大原力"：

生存、享受生活、延长寿命。

享受食物和饮料。

免于恐惧、痛苦和危险。

寻求性伴侣。

追求舒适的生活条件。

与人攀比。

照顾和保护自己所爱的人。

获得社会认同。

第七章

激发读者购买欲望，让他无法走开

内容突出对顾客的好处

不管人们做什么事，总是会把自己放到靠前的位置。每个人关心的重点都是自己家小孩考了多少分，父母身体如何，自己有没有晋升机会，吃这种食品是不是健康等。

这些关心自己的需要，不管是谁、生活在哪里、做什么事，都概莫能外。如果你的产品或服务能够满足这些欲望中的一种，那么你就有条件提出利益诉求，这些诉求能够像滚雪球一样推动销售增长。

撰写文案时，你也应该把这一点考虑进去，思考顾客到底关心什么，然后将文案与大众生活联系起来，突出对顾客的好处。如果从广告的角度分析一下，"好处"就是那些能向潜在顾客提供价值的东西。直接受益于这些东西的不是你，而是你的潜在顾客。

好处等同于特色吗？答案是否定的，你必须了解两者的区别。特色只是一种产品或服务的组成部分。例如：

产品：红旗加长型豪华轿车。

特色：精选的高级真皮座椅。

好处：任何天气条件下都能享受奢华的舒适。

特色：蒙古羔羊长绒地毯。

> 好处：脚下很柔软，奢华雅致。
>
> 特色：453 马力、排量 674 升的发动机。
>
> 好处：马力足、操纵好。
>
> 特色：前卫、高贵的设计。
>
> 好处："功成名就"的感受。

特色是属性，好处是人们从那些属性中获得的东西，诱惑人们掏钱购买的正是好处。记住，人们在看广告时一直都在有意识地思考这个问题：我能从中收获什么？在文案中塞满各种好处，告诉潜在顾客他们会得到什么、如何获得、他们的生活将如何得以改善。当你这么做时，顾客对产品的欲望就会增强，你离产品销售成功也就不远了。例如，下面这几则为顾客提供便利的文案：

> ××唇膏，让你的唇如婴儿般灵动。
>
> 发烧，就喝××感冒药。
>
> 今年过节不收礼，收礼只收脑白金。

从上面三则文案中不难看出，它们都告诉了顾客使用其产品的好处。有些是改变嘴唇状态的，有些是退烧的，有些是帮助选择礼品的。

那么，该如何突出对顾客的好处呢？这要求文案人能够将生活中的盲区，或生活中遇到的问题与产品联系起来，形成具有辨识度的文案。例如下面这种直接说出对顾客的好处的文案：

> ××签字笔，让你的字迹更美丽。
>
> ××键盘，提高你的办公效率。
>
> ××碎纸机，让你的秘密无人可知。

你可以发现，这些文案都直截了当地说出了产品对顾客的好处。这种文案最大的优势就是让顾客在第一时间了解自己使用这个产品以后能有什么样的变化，然后选择是否购买。

在文案写作中，一定要注意将产品对顾客的好处清晰地呈现出来，这样不但能够让顾客快速了解产品用途，还能在一定程度上筛选目标客户，减轻企业销售人员的压力。

✔ **实战要点**

◆ 在文案中，鲜明地突出对顾客的好处。

◆ 更加深度地了解产品，然后准确地将产品优势与顾客的生活联系起来。

创造合理的需求缺口

广告文案需要解决消费者的两个疑问："我为何要购买？""我为何要现在购买？"

"我为何要购买"需要广告文案给出强有力的理由，分别从理性及感性层面与消费者进行沟通。

"让生活更美好"曾被很多企业用在文案中，这个文案几乎适合所有商品，但用在广告文案上，反而不能凸显商品的特色和卖点。

纸尿裤一开始推出时，主打的需求点是方便，但妈妈们的关注点是孩子，无论方便还是麻烦，只要对孩子有好处，都是她们所追求的。当纸尿裤的需求点调整为"更舒适干爽透气"时，销量开始大增。因为妈妈们的购买理由是为了让宝宝更加舒适。

找到合理的需求点后，还需帮助消费者排除你的竞争对手或潜在竞争对手，给目标人群一个"为什么购买这个产品而不是其他同类产品"的理由，例如某儿童专用滚筒洗衣机，需要给消费者一个为什么要购买儿童专用滚筒洗衣机，而不是普通洗衣机的理由。为此，洗衣机厂商选取了这样的需求点：为了不让孩子的皮肤由于衣物没洗干净出现问题，你需要一款专业的儿童滚筒洗衣机。接着进一步强化卖点——高温煮洗，这个卖点是普通洗衣机无法做到的，这样就成功帮助消费者排除掉了儿童滚筒洗衣机的竞争对手——普通洗衣机。具体文案如下：

你还在担心宝贝的皮肤问题吗？

那就从洗净宝贝的衣服开始！

95℃高温煮洗，专业级宝贝衣物洁净方式。

之后，再进一步强调其优于手洗功能，排除掉手洗婴儿衣服的选择：

小吉迷你滚筒洗衣机，

一台比手洗更干净的洗衣机，

超越手洗更优的洗净比。

◆ 为消费者找到合理的需求点。

◆ 帮助消费者找到排除同类型的竞争对手的理由。

描述读者感受，占据读者感官

一个人所有的体验感受几乎都来自感官，比如口、鼻、眼、耳等。当你告诉读者你的产品"香味浓郁"或是"豪华舒适"时，如果没有调动起读者的感官，他就不会被轻易打动。

有一个简洁明了、一看就懂的方法可以使用，那就是描述读者的耳、舌、眼、鼻、身和心的直接感受。

耳：听到什么？

比如，你卖的是家庭影院系统，不要写"音效震撼"，而要写"当电视上一辆汽车呼啸而过时，发动机的轰鸣声从右耳冲到左耳"。

舌：尝到什么？

比如，你卖的是果汁，不要写"酸甜可口"，而是写"鲜活的葡萄汁，轻快的柠檬酸，混合着绵密的微气泡在嘴中跳跃"。

眼：看到什么？

比如，你卖的是一款浓稠的乳酸菌，不要写"浓稠可口"，而要写"像乳白色的奶香冰激凌一样，要用勺子挖着吃"。

鼻：闻到什么？

比如，你卖的是香薰蜡烛，不要写"香味浓郁"，而是写"兰花的高雅花束，混合着春日的青草香气与雨后清新空气的味道"。

身：感受到什么？

比如，你卖的是凉席，不要写"这款凉席清爽透气"，而要写"躺在这款凉席上，你会感觉到清爽透气，像是凉席底下有徐徐吹过草原的清风，躺上20分钟后，你会惊奇地发现：背上居然没有一滴汗"！

心：心中感受到什么？

比如，你卖的是滑板车，不要写"惊险刺激"，而要写"从高处下坡时，心怦怦跳，情不自禁地深吸一口气"。

当你描述出这些感受时，你已经成功占据了读者的感官，让他在自己的脑海中调动感受，跟随着你的文字，去听、去闻、去看、去触碰，从而深入体会产品的美妙之处，他的购买欲望也因此被激发出来了！

如果为一个豪车品牌做文案，产品策划部给你一份资料，上面写着各种数据：V12前置发动机、缸径92mm、排量6L、豪华木饰真皮车门、木质真皮方向盘等，你该如何下手呢？如果用常见的写法，文案会是这样的：车内空间宽敞、内饰奢华、马力强劲……而美国广告人德鲁·埃里克·惠特曼（Drew Eric Whitman）是这样写的：

这辆车拥有宽阔如客厅的车厢（眼睛的感受），关上它那扇拱顶似的车门，准备享受少数特权者的驾驶体验。你周围都是华丽而芳香的皮革（鼻子的感受），产自国外的硬木和昂贵的威尔顿羊毛地毯（眼睛的感受），这辆车会显出你独特的生活方式……感觉到了吗？当高达453马力的强劲动力召唤你释放它们时，你的肾上腺素正飞快地流过静脉血管（身体的感受）。

你看，这段文案就这么占领了读者的感官，给人感觉好像已经亲自试驾过了一样。那些让你蠢蠢欲动的广告，大多数都运用了"感官占领"的方法。这种方法说起来简单，做起来却很难。因为大家整日在办公室工作，对产品早已习以为常。即便产品有很多亮点、体验非凡，大家也会视而不见。

你是不是对自己的产品"习以为常"了呢？如果你觉得它很平常，要如何说服读者，显得它出类拔萃，让读者愿意购买呢？这时可以玩个角色扮演的游戏。准备一个日记本，一支圆珠笔，和一份产品。然后告诉自己：我今天不工作，我是来购物的。我刚刚下单买了这个商品。随后，你以消费者的角色完成产品体验的整个流程：

◎ 打开包装；

◎ 查看商品；

◎ 开始使用。

在这个过程中，需要让自己像一个兴奋好奇的儿童，一点不同的地方都令你惊喜万分，并用笔写下每一步的感官感受，你闻到、尝到、看到、听到、触碰到、心里感受到的所有！等你再看日记本时会发现，一份全新升级版的文案已经初具雏形了！

✔ **实战要点**

◆ 描述产品给鼻、耳、眼、舌、身和心带来的感受。

◆ 假设自己是读者，体验一下产品，把自己的感官感受写下来。

◆ 用儿童般的好奇心体验产品，用充满激情的文案感染消费者。

写出有"诱惑力"的文字，钩住读者

创作文案需要思考的是：写什么、怎样写，才能让阅读的过程更加简单有效，更易于读者理解，更容易提高他们的购买欲望。

心理学家做过一个实验：

在一台透明玻璃门的冰箱内放满食物，结果，很多人都会去偷吃。

接着，管理员给冰箱上锁，故意将钥匙放在锁的附近。结果，几乎没有人去偷吃了。

当偷吃这件事由"不用思考就知道怎么做"，变成了"需要琢磨琢磨才知道怎么做"后，就会降低人们行动的欲望。

采取行动这件事，说容易也容易，说难也难，关键是你是否给出了

"勾引"行动的"钩子"。

试想，当你打开超市的冰箱，瞧着琳琅满目的冷饮，不知如何选择时，一些印着歌词（文案）的雪碧，应该会成为最吸引你的一款产品。你甚至会将每瓶雪碧都拿起来读一遍，然后买下印着你最喜欢的歌词的那一瓶。

你买的究竟是雪碧，还是歌词（文案）呢？不好说，但可以确定的是，这些文案直接激发了你的购买行为。可想而知，将其印在海报上，发布在电商平台上，或以其他形式出现，都不如直接印在产品上有效。

记住大师威廉·伯恩巴克（William Bernbach）的教导："产品，产品，产品。"文案必须指向产品，且必须时时刻刻指向产品。如果你试图先把文字写得深入人心，吸引读者注意，然后再提到产品，那就晚了，读者会在兴趣消失以后立马转身离开。

✔ 实战要点

◆ 要把产品的信息融入每一句文案中，或干脆让它们合二为一。当文案和产品融为一体时，从文案诉求到读者使用（购买）产品之间的"鸿沟"就消失了。读文案和使用产品变成了一回事。

◆ 那些具备更大推动力的文案，往往是由于找到了正确的"钩子"，比如，找到了更精确的沟通对象。

抓住读者目光，将对他的期望表述出来

不管用什么办法来吸引读者注意，文案都要呈现相对完整的内容。如果你留意广告的反馈情况，就会发现某些诉求比其他诉求更受欢迎，对众多的读者都具有吸引力。将这些诉求运用到每一个广告中去，它们的影响力就会辐射到那一批人群中。

有些文案为了简洁明了，每次只表达一个诉求，要不就准备一系列广告，这期没说完，下一期再继续。这是不太好的做法，因为这些系列广告在逻辑上几乎毫无联系。

一旦你抓住了读者的目光，就应该将你对他的期望全部吐露出来——展现产品的所有优点，介绍它们的方方面面。一些读者可能只会对第一点感兴趣，而另一些读者可能会对第二点感兴趣，遗漏了任何一点都会丢失掉一批顾客。

人们不习惯接二连三地重复看广告。在浏览完一遍文案内容后，对广告的诉求是赞成还是反对，读者心里其实已经有数了。这个决定也会影响他对产品广告的第二次阅读，所以，一旦你的文案获得了读者的关注，就应该不遗余力地向他展示每一条重要诉求。

优秀的文案人都会这么做。通过对比各种广告文案的结果，他们知道哪类诉求更受消费者青睐。渐渐地，他们收集了一系列可供运用的重要诉求，之后，这些诉求就会出现在他们的每个文案中。

对于那些会把所有文案耐心看完的读者而言，这些文案似乎都千篇一律，讲的内容也总是大同小异。但是我们一定要知道，读者很可能只

看一次文案，所以这个文案中没有透露的信息也许再也没有机会让读者知道了。

还有一些文案自发布以来从未做过改动，如同简单的邮购文案，一用就是好几年，而且文案效果也不见下降。这些都是至臻至善的作品，用我们已知的最佳方式，传递着人们要说的话。文案人并不指望他的文案会被看第二遍，之所以还持续使用这些文案，目的是赢得新的顾客。

所以，每个文案考虑的只是新的顾客。用过你产品的顾客不会再有闲情逸致看一遍所有的文案，因为他们已经看过，而且也做了决定。

除非你能在文案标题中标识出来，否则不要浪费任何一行版面对已有顾客做无谓的说明。牢牢记住，你面对的那些潜在顾客，他们现在还不是你的顾客。

愿意看你文案的顾客皆是对文案内容感兴趣的人，否则他根本就不会留意到那一页。所以，你所面对的其实是一群愿意听你讲故事的听众，你要做的是拿出你最高的水平。如果你现在让一个顾客失望了，那么他也许再也不会看你的其他文案了。

文案就像一位站在顾客办公室门口的销售员，顾客事务繁忙，无暇顾及你的宣传。你也许一次次在争取进入办公室的权利，但是都没有成功，现在是你能向他介绍产品的唯一机会，你必须好好把握它。

这里又要再次提到简洁的问题了。关于文案，最常听到的观点就是人们阅读量不够。但是大量高回报的文案却表明，其实人们的文案阅读量很大，他们会为了一本书写回信，也许只是想得到更多信息。对于"简洁"的要求并没有固定准则，像巧克力这类文案，一句话可能就是一个完整的内容，口香糖这类产品也是这样。但是，不论文案描述是长是短，一则文案的内容在逻辑上都应该是完满的。

> 有位顾客想买私家车，他对价格不怎么在意，只是想要一台能彰显他身份地位、给他带来荣耀感的车。同时他又是一位商人，希望自己每一笔花出去的钱都有价值。
>
> 他倾向于买路虎，也曾考虑法拉利、奥迪或兰博基尼。但是名牌车的介绍信息实在太少，它们的宣传文案也非常简短。显然，它们的厂家认为宣扬自己产品的优点不是什么体面的行为。
>
> 与之相反的是，奔驰汽车向顾客事无巨细地说明了产品的信息。所以在看了这个品牌的专栏和书籍以后，他最终选择了购买奔驰，也从未后悔自己的决定。但是之后他了解到另一辆车的情况，价格几乎是他现有车的 3 倍，如果当时他买前知道了这些信息，那么他很可能就会买那辆车了。

由此可见，只是一味地打着品牌名，顺便附带几句简单的常用广告语是多么愚蠢。一辆车对买家而言也许是一项终身投资，具有重要的意义。只有产品说明书足够有趣，有意购车的人才会耐心读完。

所有行业都是这样，也许你只是简单地想改变某位女士的早餐食材、牙膏或肥皂的消费习惯。但是她已经适应了这些用品，用了好几年，这是一个艰难的主张，如果你相信自己的建议可以实行，就应该亲自拜见她，然后尽力让她做出改变。不是让她为了你高兴而买下第一件产品，而是让她从心里接受你的品牌。能这样做的销售员，不会只站在她家门口做一段简短的宣传，不会说"我只需要一句话就可以介绍完"，不会直接吆喝产品名和广告语，也不会胡乱吹嘘，而是如实地把产品信息介绍给顾客。

✔ **实战要点**

◆ 那些对结果进行追踪调查的人，不会寥寥数语就介绍完一件产品。简短的文案对于销售没有作用，每一份成功的文案都会有产品的完整介绍。

◆ 不要选择那些没有追踪反馈的文案做参考，不要听从那些无知外行的文案人的建议，也不要被那些弄不清状况的人带入歧途。运用文案的基本常识，避开那些连对自己的方案结果都一无所知之人的观点和判断。

利用从众心理，描述产品的"畅销"细节

从众是一种心理效应，当文案暗示产品畅销时，就能有效激发消费者的购买欲望。如果在天猫搜索一款产品，有两家在同时售卖。一家的销量非常高，好评如潮；一家的销量很低，评论寥寥无几，那么大部分人都会选择前者。这就是从众心理的表现，很多人搜索后，都会按销量从高到低排序，然后只看排名在前面的那些店家。

假如你在知名大企业，描述"畅销品"时可以手到擒来，轻松列出产品的用户数、销售数、好评数等数据，比如列出"61851 位成功男士已收入囊中""连续 18 年销量遥遥领先""全国热销 100 万台"等信息，就能让消费者想买你的产品。

假如你在中小企业，直接列出销售数据就会显得很难看，这时你可以换个思路，转而描述产品热销的细节，卖得快、回头客多或产品被同行山寨，营造出一种销售火爆的氛围，同样能令消费者想购买你的产品。

现在，"请小时工做保洁工作"很火热，多家家政 O2O 企业争先恐后地宣布融资。一家河南企业已经在业内深耕 5 年，近几年发展迅猛，服务量名列前茅。他们明白"畅销"是强大的文案武器，所以在产品详情页开头就强调"服务遍布北上广深等 60 个城市，为 290 万个家庭提供保洁服务，好评率高达 99%"。除此以外，他们通过一块抹布来体现"畅销"，具体是这样写的：

> 七色保洁布，
> 地板清洁布、浴室清洁布、护膝布⋯⋯
> 这一点，我们很骄傲。
> 我们特色的七色保洁布，分区使用、干湿分离，有效避免交叉污染。
> 虽然一直被模仿，但我们很乐意因为自己的贡献，而提高了行业整体服务水平。

上面的文案看起来只是在描述抹布，其实是想让读者"悟"出品牌

163

的强大。毕竟，他们家可是"一直被同行模仿"的——只有强者才会让同行羡慕嫉妒，才会被模仿。消费者潜意识里就会觉得：嗯，这个品牌应该很厉害。

随后，文案说的是"乐意提高行业服务水平"，进一步暗示"我们是市场引领者"，让消费者感受到这家企业虽然是领头羊，但是气度非凡，还在努力进步，心中印象分增加，购买欲望自然就被激发了。

✓ **实战要点**

◆ 大企业可以列出自己的用户数、销售数、好评数等，体现自己行业领军者的地位。

◆ 中小企业可以描述产品热销的局部现象，比如卖得快、回头客多或产品被同行模仿，营造出一种火爆的氛围。

主动解释价格的合理性，给读者吃下定心丸

很多顾客总是会有这种担心，买完产品发现买贵了，不但心疼钱，还有种被宰的愤怒，所以他或许会放弃下单，或是去寻找同类商品，考量性价比。

文案最聪明的做法是主动向顾客解释价格的合理性，给他吃下一颗定心丸，让他放心大胆地购买。那么，这颗定心丸该如何提炼呢？假设

你从未买过休闲装，你走进一家服装店，导购员拿出几件给你试穿，告诉你价格在 1500 元左右。在你犹豫不决时，他找出一件蓝色休闲装，款式不错，特价只要 1200 元，你就会觉得这件特价的休闲装不错，比之前的便宜，质量还差不多。

其实真相是：导购员在操控你。她故意先给你看比较贵的产品，把 1500 元设为你的心理锚点，再拿出 1200 元的衣服时，就会让你觉得比较便宜。如果刚进店，她给你连看 5 件 1000 元的衣服，你还能认为 1200 元的便宜吗？

明白了这个原理，我们在写方案时就可以给顾客设置一个价格锚点：主动告诉顾客一个很贵的价格，然后再展示我们的"低价"，顾客就会认为产品很实惠。

一个新媒体人研发了一个课程，教大家做微信公众号运营，他写了篇推文宣传自己的课程，提出了一个吸引人的诉求——帮助新媒体运营者收入翻番，并且叙述了自己的亲身经历：他从新疆来到深圳创业，在自己不断的摸索下，不到 3 年就从职场菜鸟当上公司副总裁，年薪 100 万元，之后他列举了自己操盘的项目作为证明。

销售的难点是他的课程定价为 288 元，这个价格并不便宜。当时国内名人大咖全年订阅专辑大多也只卖 188 元，而他的资历与大咖显然无法相比。在新媒体领域，很多课程仅售 58 元、88 元、148 元，相比之下，他的课程就显得比较贵了。

不过，他的课程有一大优势——比竞品的内容更加翔实。课程内容包括选题、策划、编辑、排版等，这样全面的课程在市场上很少见。那么，他该怎么写文案，让 288 元看起来物有所值呢？

这可能是市面上性价比最高的课程，市面上大多数 288 元的新媒体课程，都只有短短十几节课，只能覆盖到整个新媒体知识体系中的一部分。这次，我带着满满的诚意，一次性为你提供完整的 80 节课，而且只卖 288 元。

少吃一顿海底捞、少看一部电影，你就能学到这个时代最赚钱的一项技能，让你的收入翻倍。当前已累计超过 3 万人次学习，你还不来？

文案创作者虽然在市面上找不到比 288 元更贵的新媒体课程，但是他还是找到并设置了锚点。放弃价格优势后，他很聪明地和竞品比课程数量，特意指出：大多数 288 元的课程只有十多节课，这时消费者心中就会开始模糊地计算，将一节课等价为 20 元左右，当他说出自己有 80 节课时，大家会感觉课程的价值起码上千元，但实际只卖 288 元，这就显得非常便宜了。这个暗中设置的锚点会让很多顾客下决心付款，结果，这门课程上市后不久就售出了 6 万多份，创造了 2000 多万元的营业额。

✔ 实战要点

◆ 告诉顾客一个很贵的价格，然后展示自己产品的"低价"，顾客就会认为产品很实惠。

◆ 暗设锚点的原则：在合理的情况下，越贵越好。

第八章

用无可辩驳的事实，赢得顾客的信任

文案怎样才能获得顾客信任

优秀的文案不但能够以出色的文采博得顾客的关注，更能让顾客相信文案传递内容的真实性，进而认同文案表达的观点。所以，每一则文案所遇到的问题不仅在于如何引起顾客的注意，还在于如何令他们相信。

文案的宗旨是获取顾客的信任，只有做到这一点，文案才算符合顾客需求。否则，文案要么沦为硬性广告，让顾客避之不及；要么流于辞藻华丽、卖弄文采的作文，达不到宣传效果。

首先，文案应该抓住矛盾的特殊性，并从中挖掘出普遍性。随着顾客群体的扩展，不同的顾客形成了自己独特的观点。不过，一篇优秀的文案并不是为了抓住特殊的观点，而是要抓住存在于顾客心中的普遍观点。

以减肥药产品为例，尽管减肥药产品广告充斥在各大新闻媒体和社交媒体中，但是这些新闻和文章真正符合顾客需求的少之又少。原因就在于，这些宣传减肥药产品的新闻和文章顾客一看就知道是在打广告，内容大都不符合顾客自身的需求。

顾客浏览新闻、刷微信朋友圈，想看的是减肥成功的方法，而不是他人告诉自己应该用哪一款减肥产品。如何写一篇吸引人的有关减肥产品的文案？文案人应该抓住顾客的减肥心理。例如，以"冬季减肥不容易，不用减肥药也能减肥的秘诀"为题，不论文案内容是什么，这篇文案的标题至少能够吸引90%以上的想减肥的顾客点击。

其次，文案的内容应该有深意，要"形软意不软"。文案中的广告应该是深藏不露的，然而市面上出现的大多数文案并没有达到这一要求，顾客能够从一篇文案中直白地发现广告。文案之所以不同于硬性广告，就在于其"形软而意不软"的境界。所以，文案应该从侧面描述。例如：网上火过一阵子的"90后"卖红枣的故事，讲的是新疆特产批发店主小容的微商之路，文案结尾是：

小容的 QQ 签名为："同样是玩手机，却有不一样的收获"，这一句简单的话，道出了所有微商的心声。

这一文案为微商小容带来了高于平时 5 倍的流量。整篇文案讲述的是小容为什么要走上微商之路，如何为产品设计包装，再到后来的宣传推广，以及小容正在做的 2015 年销售可行性分析和调查。这篇文案看起来完全没有打广告，却能够吸引网友点击进入小容网店，进而形成购买力。

最后，用事实说话。事实永远比宣称可信。想要写出令人信服的文案，文案人应该学会用事实说话。所谓事实并不是指提供量化数据，而是通过例证法，展现生活中顾客对该产品的信赖程度。通过提供事实，文案可以吸引浏览者，并留住顾客。

文案一般会附带一些图片，并且每张图片都有标记。文案以图文并茂的方式向顾客解说。顾客经常发现，许多互联网广告中会附带好用的工具，并且在工具下面附图解释。在网络营销领域提供这些释例，是为了向顾客说明文案的观点，同时通过这样的方式，让顾客深入支持文案的观点。如果一篇文案里既没有事实，又没有例证，那它不但得不到顾客的支持，甚至难以吸引顾客来访问。

✔ 实战要点

◆ 文案应该抓住矛盾的特殊性，并从中挖掘出普遍性。

◆ 文案的内容应该有深意，要"形软而意不软"。

◆ 用事实说话。

用幽默的文字解除读者戒心

　　相关研究显示，相声、小品、喜剧情节等对大脑产生的效果与催眠相似，在这样的状态中，读者的注意力容易变得精准、热烈。所以，幽默能够让人在一种快乐、轻松、谐趣的氛围中解除对广告的"戒心"，自然而然地接受广告传递的销售信息。

　　所以，要做出令人喜欢、容易让人接受的文案，有一个方法永远有效：搞笑一点，再搞笑一点。

《哈哈！笑尿了，史上最搞笑广告文案》

《××最新爆笑文案》

《让网友笑到全身无力的××广告》

类似这样的在标题上明确注明是"广告"的内容，常常会有很高的阅读量和转发量。原因就在于有趣的内容谁都喜欢看，比如泰国某银行的幽默广告《狗的报恩》，就获得了数百万次的阅读量。

视频讲述的是一只流浪狗报恩的故事：它从一位好心的男士那里得到一块肉后，就开始了"疯狂"的报恩行动。帮他占车位，驱赶在他车上拉屎的鸽子，赶走在他轮胎上撒尿的土狗，帮这位男士洗车，最后甚至察言观色，为他创造了和他心仪姑娘接近的机会。

通过这个故事，传递出银行的广告诉求：

简单的付出，会得到超乎想象的回报。

这篇文案中夸张的故事，轻松活泼的氛围，以及狗狗"浮夸"的演技，都令人忍俊不禁，同时又让读者收获了温暖和感动，红遍网络也是很正常的。

对广告保有"戒心"是大多数人的心理定式，突破这一心理定式的方法之一就是幽默。有研究学者曾经用仪器测量人类大脑对幽默广告的反应，结果表明，当人们大笑或微笑时，压缩的血管会使更多的血液挤入大脑，从而让大脑分泌内啡肽，产生良好的情绪，使人们可以从一个更积极的角度看待广告和产品。

下面是雪碧和麦当劳为了推广"雪碧续杯活动"联手推出的一篇名为《你为什么不让我喝雪碧》的搞笑文案，情节完全不按常理出牌，获得了非常好的效果：

今天傍晚，我坐在麦当劳里等人，手机没电，无聊又犯困，遂趴在桌上小睡了一会儿。

忽然，后桌的一对小青年的吵架声让我一下子精神了。

女：我委屈。

男：你委屈什么？

女：你不让我喝雪碧！

男：你喝啊！

女：那你帮我续！（那时麦当劳正是免费续杯时间段）

男：……（不作为）

女：你干吗不帮我续？！

男：我很累啊……

女：你帮我做那么点事还喊累啊？！

男：你喝那么多雪碧有意思吗？

女：我渴啊！你为什么不帮我续！我就是要喝雪碧！

男：你喝啊……

女：这么小杯才一点点。

男：那你买大杯啊！超大杯啊！

女：你知不知道我渴啊！你为什么不让我喝雪碧！

男：你喝啊……

女：那你为什么不帮我续？你为什么不让我喝雪碧！你知

不知道我委屈得都哭了！（还真哭了……）

男：那你想如何？

女：你道歉！给我 10 块钱！

男：为什么要给你 10 块钱？

女：你不让我喝雪碧！

男：你喝啊……你再去买一杯啊！

女：我没钱，我渴，我的钱就只够买小杯，喝完了你又不让我续杯！你为什么不让我喝雪碧！

男：……

（我已经听得很无语了……）

女：你道歉！

男：我不是已经说过对不起了嘛？

女：为什么对不起？

男：不给你喝雪碧。

女：还有呢？

男：不帮你续杯……

女：还有呢？

男：还有什么啊？

女：还有呢？你再想想！

男：还有什么啊？

女：还喊累！！

男：我真的累啊……

女：哦！帮我续杯都累啊！才需要走那么一点点路！

男：你干吗非要续杯？

女：不管不管！我就是要喝雪碧！你为什么不让我喝雪碧！（神啊……）

（以上对话重复 N 遍）

不知不觉中……时间已经过了 17:00，免费续杯时间段已过。

女：你看！现在时间都过了！不能续杯了，你为什么不帮我续！为什么不让我喝雪碧！

男：那你再去买啊……

女：那不是又要花 5 块钱……你为什么刚才不帮我续！（又哭了……）

男：那你想怎么样？你在这里坐一个晚上？等明天再续！

女：我就是要坐一个晚上！反正 24 小时营业！

男：……

这时的我已经非常精神，很想冲动地转身对那个男的说：你们快分手吧！！！

但是……我忍住了……

男：我们走吧，差不多可以回去了。

女：我不走！

男：那你想怎么样？

女：我就是要等天黑。

男：干吗要等天黑？

女：我不喜欢白天走，我就喜欢天黑了走。我要天黑了再走！

男：那现在走不正好看天黑吗？

女：我不要，我就要等天黑！

男：那你想要如何？

女：我委屈。

男：你委屈什么啊！

女：你干吗不让我喝雪碧！你知不知道我渴啊？

一个晴天霹雳……

我立马起身快速冲出了麦当劳……

脑中始终阴魂不散着一句话：你为什么不让我喝雪碧！！！

当然，幽默文案并非适用于所有行业。感性化需求的商品，如娱乐产品、快消品等比较适合运用幽默手法，但是，一些比较严肃或功能性比较强的产品或服务，如医药、保险等，就不太适合了。

明确了幽默的适用范围和条件以后，问题来了，写一则幽默的文案要从哪些方面着手？最直接的方法就是：像上面的文案一样，创作一篇打破人们心理预期的故事。

需要注意的是，你不要为了幽默而幽默。幽默的文案，目的不是为了令人发笑，而是为了销售产品。此外，要把握好幽默的分寸，幽默的点要根据目标人群设定。不同社会阶层、不同民族、不同文化背景、不同年龄段、不同地域、不同审美习惯，甚至不同性别的人，对幽默都有着不同的心理接受度。

比如，有一项研究分析了1200多个生活中出现的情况，发现当男士讲一则笑话时，71%的女士会被逗笑，而如果换成一名女士来讲，只有30%的男士会笑出声。这是由于日常笑话嘲讽的对象多为男性，女性会对此产生优越感，而优越感正是笑点的一个重要来源。研究同时显示，只有15%的女性会认为嘲讽女性的笑话好笑，但持同样观点的男性却高达 50%。所以一则为了取悦男性的幽默广告，大多数女性可能不会认为有趣，反之亦是如此。

✔ 实战要点

◆ 情景：设置日常化的场景。

◆ 情节：在正常的故事中插入不合理情节。

◆ 手法：重复或叠加。

◆ 讲述：旁观者的角度。

◆ 结局：出人意料，但又在情理之中。

利用伪逻辑，让事实支持你的论点

伪逻辑指的是通过写作技巧，操作存在的现实，目的是经由文案人筛选出事实，让顾客得出结论，认为如果不是由于这些事实，产品可能不会那么好。你也可以认为伪逻辑已经近似欺骗，但归根结底是不是欺骗，只有销售方才能说了算。

一家外贸代理商的广告文案宣称："九成订单直接从库房发货"。表示他们公司随时能够出货，但是这家公司根本没有仓库，只有几间办公室。

他们怎么能自称可以直接从库房发货呢？对此，他们的解释是："我们确实有九成的订单直接从库存出货，但不是从我们的库存，而是供应商的库存。我们只是中间商，之所以没有在广告中强调这一点，是由于供应商的形象欠佳。"

　　一则推销股市快讯服务的广告，比较了花599元订阅股市快讯和花10000元请人代操股票哪一种更划算。10000元的算法，是假设每笔投资最低额度为10万元，这笔投资要抽2%给经理人当管理费。这则广告的文案暗示，花599元订阅股市快讯的效果，等于花10000元请人管理投资，却并未点明订阅快讯与请经理人管理其实不是同一回事。

顾客的购买决定究竟是出于感性还是理性，到目前还未有定论。不过大多数成功的销售人员都知道，感性的因素比理性更能影响购买意愿。这些销售人员常说："人们购物是以感性为出发点，然后再用理性做出购买决定。"有家市场调查公司也曾指出："神经学上的研究结果显示，人们在三秒之内做出的是否购买某件产品或服务的决定是基于感性的，所以我们应该创作出能与顾客的情感联结的文案。"

由于购买决定是基于人们强烈的感受，以及根深蒂固的观念，所以文案人应该为顾客想做的事提供合理化的说法及支持。只要你的销售论点听起来合理可信，顾客都会买单。麦当劳一直在宣传自己已经"卖出数十亿"的汉堡，引导顾客认为，卖出了这么多产品的企业一定是优秀的。出版商也会运用同样的逻辑来吹捧一本书，比如，曾登上"纽约时报畅销书排行榜"等。

◆ 文案人就像律师一样，服务的对象是客户或雇主。律师必须采用所有对客户有利的证词，文案人则必须运用所有能为公司赢得顾客的事实。

◆ 当然，我们不应该为危险、非法、伤风败俗的产品做营销，尽管"维多利亚的秘密"这一系列广告对某些人而言只是女性内衣，对另一些人而言却像色情片。如果我们不能运用所有可能的资源来说服买家，不是无能，就是有负企业所托，或两者兼具，伪逻辑正巧是平衡两者最有效的工具之一。

列举证据，给顾客相信你的理由

当人们相信你销售的商品比他们的金钱更有价值时，他们就会从你这里购买产品。例如：

> 在广告研习班上，导师说："让我们做一个有关消费心理学的小实验。"导师掏出一个信封，上面印着一个大大的问号，然后问："谁有 50 元的钞票？"有几个人举起了手。导师挑选出其中一个走到她身旁，提出下面的问题："如果我要求用这个信封里的东西交换你的 50 元，而且你要知道，一旦我们完成交易，你就无法把你的钱要回去，那么，在交易之前，你会问我什么

问题？"

参与者的问题是："信封里有什么？"这说明，消费者在做出任何购买决定之前，即在交换任何有价值的东西之前，不管是时间、物质或金钱，他们都想知道这个重要问题的答案："我会从中得到什么？"他们不但会为是否做这笔交易而犹豫不决，而且在导师问他们是否有一张50元的钞票时，他们甚至都不愿意举手回答导师的问题！这暗示了那个伴随很多人购买决定的担心：遭受损失的恐惧。

接下来，导师举起一个能明显看到里面装着50元钞票的塑料袋。导师问听众："谁愿意用1美元的钞票交换这个装有50元钞票的袋子？"不出所料，数十只手举了起来。

在这个例子中，听众（消费者）的行为表明，他们一旦知道"我会从中得到什么"，就更有可能用钱交换袋子里的物品。因此，文案的基本原则是——告诉你的潜在顾客，他们可以从你出售的东西里获得什么利益。而这个例子正是证明这一原则的最好方法，你必须说服他们相信你"袋子"里的东西比他们为它所付出的金钱更有价值，否则交易就不会发生。

我们已经知道必须说服潜在顾客相信所售之物的价值了。说服意味着产生信念，如何让他们相信呢？一个经过验证的绝佳途径就是提出具有说服力的证据。"证据"一词的定义是：任何真实的讲述、对象或观点，只要使它创造出来的东西跟那些用来支持它的东西不是同一个来源，那它就是证据。简单地说，证据可以是数据、证明书、事实、担保、研究、图表、视频等，只要它不是身为文案人的你创造出来的就可以。

很多研究结果表明，证据对广告推广来说是有效的，而且效果很好。运用可靠证据的文案人比那些运用不可靠证据，或根本不使用证据的文案人能更有效地说服顾客。别天真地以为自己创造出一个列举大量好处的广告，人们就会相信你的话。他们第一次看到你的广告时就很清楚，你在试图说服他们，如果你提供的是他们感兴趣的事物，他们就会相信你提出的诉求。因为相信你的诉求、购买你的产品可能会让他们享受到你所承诺的好处。

同样，如果你销售的商品有望解决顾客的一个问题，或以某种方式改善他的生活，那么他就想确信它是否真像你说的那样有效。但与此同时，他也不想让你占他的便宜，而这就是你无法每次都赚钱的原因。要让消费者兴奋得愿意花钱，需要你提供充分的理由，对昂贵的产品尤其如此，能够证明消费者的钱花得物有所值。

证据除了具有说服作用外，还为你的企业创造了正面形象，令人觉得它提供的是"合理的"产品和服务。当消费者要购买重要或昂贵的商品或服务时，证据是最有效的证明。在这样的环境下，消费者会慎重做出购买决定。作为一种附带好处，深入、理性的思考能够引起潜在顾客的态度发生长期改变，使他们抵制你的竞争对手的销售信息。

很有趣的是，即便是习惯于肤浅思考的人，也会受强有力的证据影响，面对各种事实、数字、证明书和图表，这些人会说："哇……看看这些事实和数字，它们肯定是真的。"

✔ **实战要点**

◆ 为了影响那些喜欢用外围路径思考的朋友，你要确保广告以清楚、易于理解的方式提出证据。

◆ 习惯外围路径思考的人不愿意花时间琢磨你想说什么。他们会看数据，然后根据这些数据快速做出决定。所以，你应该突出各种彩色的图表、事实、数字，以及来自权威人物和专业人士的评荐等内容。

举例子使观点更丰满

在文案写作时，人们大多会自然地发表观点，但总是感觉缺了点什么。没错，就是缺少了佐证文案观点的案例。当你拥有丰富的生活阅历，在文案中加入足够多的案例时，你便会惊奇地发现，整篇文案丰满充实了很多，并颇具说服力。

××别墅，五环内最低价。周边生活设施齐全，增值潜力无限。

在上面的文案中，你会了解到这处房产是五环内价位最便宜的，并且设施齐全，增值潜力无限。但是，这一切都是文案人，或是卖家的一面之词。就像你去市场买水果，你问摊主"这个水果甜吗？"水果摊主的一定会告诉你"甜"，但是这种话毫无说服力。所以，地产商总会在文案的后面，附上购房者的独白，或购房案例。

> 张明强，29岁，民营企业老总。几年前，张明强的老母亲病了，他想把母亲接来身边照顾，于是在××买了一套三室二厅的房子。超市离小区近，去医院也很方便，离学校也很近。环境的变化使老太太比之前更爱活动了，身体也好了起来，每天都会接小孙女放学，然后去超市购物，做一桌子香喷喷的饭菜等着他下班。家比之前更温馨了，这可把张明强乐坏了。

看完上面的文案，你是不是也对周边设施齐全给家庭带来的好处有了更为直观的感受？所以，你举的例子一定要能够令人直观地了解你所售卖的产品的好处，而且在撰写文案时，一定不要忘记多写几个案例。

> 女性大都用过护肤产品，但她们不知道的是，有些护肤产品竟然含铅。比如，上海的李女士用了含铅的护肤品以后，脸部出现了灼痛感。几天后，她发现身体也有了一些莫名的变化。到医院一检查才知道，都是含铅化妆品惹的祸。××护肤霜，绝不含铅……

从上面的文案中顾客可以了解到，用了含铅的护肤品以后给李女士带来的危害。所以，顾客会马上想要找到一个不含铅的护肤产品。此时，就是你开始介绍自己产品的做工、用料的时候了。举例子并不一定非要举正面的，你也可以找一些反面教材，来突出你的产品的好处。

在文案中经常举例子，会让文案自身更丰满。既可以拿自己的事举例，也可以拿他人的事举例。但不管怎样，你都要完整地说出用过和没用过、这么做和不这么做的区别。这样，顾客才能接收到你传递的信息，从而选择使用或不使用，购买或不购买你的产品。

销售类文案运用例证法时，要做到绘声绘色，充分调动语言的魅力。特别是在描述产品时，应该以生动的语言激发消费者的美好想象，进而使其产生购买欲望。

✔ 实战要点

第一，必须注意证明方法。

文案一般有人证、物证和证词三种证明方法，其中，人证是最能取得消费者信任的证明方法。文案在进行人证时，要尽可能选用消费者认识的人或名人，这样不但可以提高信任度，也会给消费者留下更深刻的印象。

第二，运用例证法应该具体，比如使用数字和真名实姓。

为了说明某某牌菜刀在一座城市销量很好，并且用过的人都说产品很好用，文案可以列出具体的消费者姓名，以及每一个消费者如何使用、喜爱这把菜刀。

第三，运用例证法要生动。

例如为减肥药写一篇文案，文案开头可以列举出一个肥胖的消费者形象，身高只有1米7，体重却达230斤，还伴随轻微的心脏病和糖尿病前期。在用了某减肥药两个月后，瘦得连街坊邻居都不认识了，减了 60 多斤。这篇文案就会比之前更加深入人心。

让权威间接支持你的产品品质

信任总是和风险联系在一起。一个人在面对新事物时，第一反应就是判断风险。在信任渐渐产生时，风险也就渐渐降低。广告文案的最大功能就是降低顾客对应的风险，产生信任。那么，如何降低风险，增强信任，证明卖点呢？

美国社会心理学家斯坦利·米尔格拉姆（Stanley Milgram）做过一个心理学实验，被称为"极力服从"研究。实验在耶鲁大学的一间地下室完成，过程是这样的：参与者被告知参加的是"体罚对于学习行为的效果"实验，他们扮演的是老师，隔着一堵墙，只能和里面由米尔格拉姆的工作人员扮演的学生通过声音交流，互相看不到对方。实验者手里有一个电击器，如果学生答错题目，就给予一次电击惩罚，每一次电击的电压都会提高。

其实学生并没有遭受电击，但必须让参与者认为他们真的被电击了，这时工作人员会根据不同的电压播放事先录制好的叫声。随着电压提高，惊叫变成惨叫。工作人员还会击打墙壁让参与者认为学生被电击得很痛苦，甚至还抱怨自己有心脏病等，直到电压高到一定程度后，工作人员会突然保持沉默，停止作答。

在实验过程中，如果参与者表示要停止实验，工作人员会按照以下顺序回复他：请继续；这个实验需要你继续进行；你没有选择，必须继续。如果经过四次回复后，参与者仍然希望停止，实验就会停止。

实验的结果是，居然有 60% 的参与者达到了最大的 450V 惩罚，尽管他们都表现得不太舒服。有些参与者会在伏特数到达某种程度时暂停并质疑这项实验，有些参与者甚至说他们想退回实验的报酬，没有参与者在到达 300V 之前坚持停止。后来米尔格拉姆自己及许多心理学家也做了类似或有所差异的实验，都得到与这个实验相似的结果。

尽管该实验受到了伦理的质疑，给参与者施加了极度强烈的情感压力。但实验的结果表明，大部分普通人会无视其他人的痛苦，选择放弃自己的主观意志，并简单地服从来自权威的命令，进入一种"代理行为"模式。

在这个模式中，他们对于权威完全服从，完全信任。在这一实验中，开展实验的耶鲁大学及工作人员都是权威的象征，因此参与者们对他们完全服从。

　　"这个浴缸很好。"怀疑。

　　"你知道吗？北京和上海所有的知名酒店都使用这款浴缸！"开始相信。

为什么上面这个文案的第一句令人怀疑，第二句就变得可信呢？因为人们日常需要购买很多商品，食物、家具、衣服……人们没有时间

——深入研究。买一款热水器，多少人会研究热水器的结构原理？买一台冰箱，多少人会研究冰箱的产业链？绝大多数人都不会。那我们该怎么挑选呢？最保险的做法当然是跟随权威。权威人士或机构那么专业，他们推荐的产品肯定没错！

今天我要推荐一款牙刷，外表看起来很一般，但竟然有9项专利，而且一亮相就获得了"蓝菲设计奖"！它的刷头是软毛的，很讲究。刷毛呈三明治形布局，并且是中间高、两边低的山形结构……

一则牙刷推广文案提到"蓝菲设计奖"，但内文中没有其他文字做深入介绍。作者认为的大名鼎鼎的奖项，在外行的读者听来却很陌生，读完没什么特别的感受。产品明明有"权威"，但是转嫁失败。这个问题文案人一定要引起重视。

✔ **实战要点**

◆ 塑造权威的"权威"，一定要展示它是专业的、高级别的、影响力大的，在行业里有举足轻重的地位，所有人都希望获得它的认可！

◆ 描述权威的高标准：要求很高、很严苛，一般人无法获得，得之不易！

借用名人的话与名家的观点

很多时候，我们撰写文案时由于对读者不了解，加上自己不是专家，所以写出来的东西很难令人信服。这时，就可以把名人名言拿过来直接使用。既向读者展示了你的知识储备，又在无形之中让读者了解到：既然名人都这么说了，那么这个文案所说的一定是靠谱的。

在这样不断引用名人名言之后，文案和读者便建立起了一种无形的信任感。比如：

> 人应该多读书。乔布斯曾经说过一句话，翻译成中文是："求知若渴，虚心若愚"。只要我们多读书，就会发现其实我们所能够学习到的，都是很浅显、易懂的知识。我们没学到的知识，如同汪洋大海一样……

上面的文案，我们读完就会感同身受，不管是谁撰写的，读者都乐于接受。毕竟，乔布斯具有极强的影响力。你借用了名人观点，其实就在无形中为读者筛选出了正确答案，他们只需要按照你的观点去做就可以了。

在采用借用"他人之口"这样的文案时，一定要确保"他人之口"是被大众熟知的，已经被大众信任的。千万不要借用一个谁也没听说过的人的话，这样你即便是借用了，也不会对读者产生任何影响。

借用"他人之口"的文案，既要表达自己的观点，又要用"他人之口"来佐证。你要明确的是，"他人之口"只是佐证你观点的道具，而非你文案的全部。

比如，我们想要讲述：读书是件苦差事，只有吃够了苦头，才能在某一领域有所建树。那么，我们可以说："唐代诗人韩愈曾说过'书山有路勤为径，学海无涯苦作舟'，所以，我们在学习时不能怕苦怕累。要对自己下狠手，才能够学到更多。"

我们想要讲述：市场行情是瞬息万变的，可以这么说："斯里兰曾说，'世界上没有一成不变的东西，任何事物都是不断变化的。'所以，我们要接纳市场的一切变化，以不变应万变。"

所以，如果想要让文案更具说服力，就应该多引用名人名言，站在巨人的肩膀上说话，远比自说自话的效果要强百倍。

✔ 实战要点

◆ 名人名言的引用必须可以证明文案的观点。

◆ 你引用他人的话语时，一定要引用具有一定公信力的、最好是大家都认识的人，这样才能够给人信赖感。

◆ 插入名家观点主要有以下两种方法：

第一，在抛出观点以后植入。

在抛出观点以后马上用名家观点，证明自己所说的事是正确的。这样读者才会知道：原来你的看法和专家是一致的。由此，你的权威性就体现出来了。

比如：个人觉得读书才能令人进步，高尔基也说过："书，是人类进步的阶梯。"

第二，在案例说明以后植入。

当你说完一个案例／事件以后，可以把名人名言插入进去。

这样，你的案例会显得更加贴近权威，让读者觉得说服力很强。

比如：失去了健康，就失去了所有。一直伴随着我们成长的某知名主持人由于罹患癌症离世。有位名人说得好：幸福的首要条件是健康。人失去了健康，就相当于失去了100当中的"1"，即使后边缀上再多的0，也是没用的。

反权威实证：传达的信息更值得信任

在我们生活中偶尔会出现这样的情况：你突然发烧了，需要去买药。感冒药的广告很多，到底应该购买哪一种呢？此时你身边的朋友马上推荐了一款感冒药，说自己之前就是吃这个很快痊愈的，你会不会立刻购买朋友推荐的这款呢？

据调查显示：朋友推荐的口碑形式是信任度最高的广告形式。而这样的形式恰好和运用权威是相反的，被称之为反权威。当然，反权威不仅仅是朋友推荐的口碑形式，还包括真实顾客案例、使用反馈及顾客评价等，这些均来自于第三方，是已经发生过的事实。反权威属于实证，能够让你传达的信息更值得信任。

反权威日常的运用包括真实案例、购物网站的买家评论、买家秀等。

20世纪末期，快餐业巨头赛百味公司为了标榜自己的三明治系列很健康，脂肪含量低，以"7个三明治只含有不到6克的脂肪"做宣传，业绩却并没有什么起色。但一次偶然发现的真实顾客故事，却有效地提升了赛百味的业绩。

青年学生贾里德·福格尔大三时体重已经到了 425 磅，需要穿最大码的衣服。贾里德的父亲是位家庭医生，多年来一直提醒儿子减肥，但始终没有成效。贾里德由于过度肥胖引起脚肿，父亲警告他，现在的情形很有可能进一步导致糖尿病和心脏问题，再这样下去贾里德可能活不过 35 岁。贾里德看完病后，决心减肥，他通过所谓的"赛百味饮食法"，即坚持 3 个月只吃赛百味，当他再次站在体重秤上时，数字已经显示是 330 磅（约 150 千克），他减了近 100 磅的体重。

赛百味的加盟商看到这个故事后，进行了进一步的宣传推广。1999 年，赛百味销售业绩平平，而在一年后，营业额上升了 18%，到 2001 年又增长了 16%。当时其他规模较小的三明治连锁店每年的增长率也不过 7% 左右。

这个真实的顾客故事远比"7 个三明治不到 6 克脂肪"更具有说服力，让消费者直接感受到赛百味的三明治不但脂肪含量低，还是减肥时可以选用的食物。

虽然顾客的故事很多，但好的故事可遇不可求。这里有一个判断标准——顾客故事是否和我们重点宣传的方向一致。如赛百味宣传主题就是产品健康且脂肪含量低，而顾客故事正好是吃赛百味减肥成功了。如果顾客故事是其他事件，则不可能产生这么好的效果。

当顾客面临的选择很多，无法进行判断时，顾客评价就能够给其他顾客展示更加客观的反馈。比如吃饭这件事，在同一个街区吃饭，可供选择的餐厅有上百家，如何找到最适合自己口味和需求的餐厅？看五光十色的招牌、宣传单广告，还是一家一家地尝试？都不是，大多数人会打开餐厅点评类的网站或 APP，查询其他顾客的评价，这样就能更快速方便地找到适合自己的餐厅了。通过其他食客的评价，你会很快了解到目标餐厅的环境、口味、服务，这样的信息远比商家自卖自夸要真实可靠得多。

在电商网站选购商品时，当我们无法判断商家信息是否真实可信时，都会去查看顾客评价。在广告文案中，也可以直接将真实的顾客评价展示在其中，增加文案的可信度。例如，小米官网的底部将几款商品的评价直接展示出来，以增加商品的可信度和说服力。

顾客评价还可以直接运用到广告中，比如某知名吸奶器把妈妈们的评价放到商品描述中。由于人们对该产品的了解不多，且该吸奶器是所有品牌中价格最贵的，顾客在筛选时自然会更多地思考自己的钱花得值不值。而运用以往顾客的真实评价，可以直接增加文案的可信度。购物网站鼓励买家去秀自己使用商品的照片，去写评价，也是同样的道理。

✓ **实战要点**

如何有效增加广告文案的可信度呢？主要有以下三种方法：

- ◆ 顾客故事；
- ◆ 买家评论；
- ◆ 买家秀。

数据与细节让文案更加真实可信

美国知名广告文案专家克劳德·霍普金斯（Claude C. Hopkins）曾说："某个广告主或许声称'质量最优'，尽管人们不认为他在说谎话，但是大家都知道其他产品的质量同样可靠。人们都知道销售员为了吸引顾客注意会使出浑身解数，能够理解他们热衷推销而虚张声势。喜欢使用最高级词汇的人必须知道自己的每一句话都会被谨慎对待。所以，对于一个具体的声明，人们一般会照单全收，对实际的数字，人们一般也不会打折扣。当广告讲述的是具体事实时，其分量和效果都不言而喻。"

单纯的文字描述或多或少带有强烈的个人特征，数字则不然，测量出多少就是多少，可以最大限度地减少主观色彩。所以，利用统计数据和实物细节描述的方法，可以让广告文案的可信度大大提升。数字与细节提供得越详细，顾客对你的可靠性评价就会越高。

✓ **实战要点**

美国市场调查公司通过分析互联网上最受欢迎的 100 篇博客文章，总结出几条数字式文案的写作规律：

◆ **数值越大，文案的传播范围越广。**

比如，用"7 个做……的理由"比用"3 个做……的理由"更让顾客感兴趣。因为这会让顾客认为你的文案信息量很大，不是粗制滥造的。

◆ 数据用阿拉伯数字比用汉字数字更抢眼。

比如，在"七个做……的理由"和"7个做……的理由"两个句子中，后者更能让你第一眼看到数据。因为"七"是汉字，"7"是阿拉伯数字，汉字在一堆汉字中不会很显眼，阿拉伯数字在一堆汉字中则一目了然。

◆ 把数字放在句子开头的效果更好。

比如，"7个让你快速练出肌肉的办法"比"让你快速练出肌肉的7个办法"更引人注目。因为读者总是对自己最先接触的信息印象深刻，把数字放在前面有助于突出重点。

第九章

临门一脚，
引导顾客冲动下单

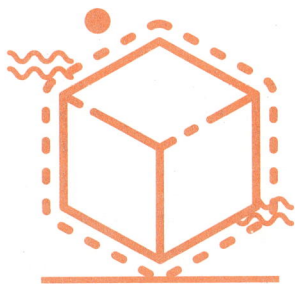

用限时、限量等手段制造紧迫感

有些时候，你眼看就要销售成功了，顾客信任你的产品，已经准备购买了。但是就像很多顾客一样，他说："算了，我再考虑一下。"经验证明，当这样的情形发生时，顾客多半是不会购买了。原因是：首先，经过一段时间以后，你写得很棒的广告文案也许会被他忘记；其次，如果你很幸运，广告没有被他忘记，文案也不会具有和初次阅读时同样的影响力了。为了避免这样的事情发生，你必须给顾客提供一个马上就买的刺激或理由。

先看一个案例：

谢老师是互联网营销界的老手，擅长微信引流，并靠这项技能成功操盘了几个项目，形成了一套成熟的方法论。他决定将这项技能变现，创办"百万流量"培训班，一次收费5800元，面对面教学员实操方法。

对谢老师而言，他付出的成本是时间、会场租金、兼职员工薪水等，基本都是固定的。基于此，他希望招到100个学员坐满会场。可5800元很贵，即便是他的铁杆粉丝，也未必会爽快地掏出这笔钱。

深谙人性的谢老师，会如何引导读者立即下单呢？他写的广告文案是：

本培训班的教学特点是"现场面对面教会"，我们的学员毕业后大展身手，抢了很多人饭碗，打破了行业潜规则。考虑到他们的"饭碗"问题，我们识相地决定——这次培训，将是近3个月来的最后一期实战培训。

移动互联时代，瞬息万变，机会转瞬即逝，下一期，3年后再见！

请大家自觉点开下面的链接，让我们在惋惜中，读完下文。

为确保教学质量，本次培训继续限额100人，但已有64人提前付款预订，现仅剩36个席位，能不能抢到位子，就看你的运气了。

"错过这次，再等3年"，让顾客意识到机不可失，想学要趁早。"限额100名，64人提前预订"，让人感觉如果不马上买，很可能被他人抢占。

最终，一共有136人交钱报名，谢老师找酒店换了个200人的大会场，营业额比预期翻了一倍。

这个方法给顾客一种明显的、真实的紧迫感。当然，你还可以通过提供一些限量版的产品，传达出这种紧迫感：

我们只有500套产品，这或许是我们最后一则广告。

另外，你可以在其他很多方面运用这样的紧迫感：出清存货、提价产品短缺、现货少、限时促销等。比如：

> 现在下单，你明天就能享受产品的好处了。

甚至是：

> 在2天内购买1件产品，你就能免费得到另外1件。

还有一种提供紧迫感的办法是通过你的配送方法来体现：

> 我们会通过顺丰速递配送你的产品，如果你在某日之前下
> 单的话。

在广告中有两个关键位置——开头和结尾。在结尾处，紧迫感和其他重要的信息才能出现，而且必须被天衣无缝地结合在一起。如果告诉人们他们会失去一些机会，就相当于给了他们付诸行动的理由，如果对产品感兴趣的话，他们就会主动采取行动。

✔ **实战要点**

◆ 告诉顾客现在的优惠是有时间和数量限制的，如果错过，产品会涨价，甚至售罄，迫使他马上做出决定。

◆ 告诉顾客不多的限量名额又被其他顾客提前预订，所剩产品数量更少了，这会激发他的紧迫感，促使他马上下单。

◆ 设置享受优惠的身份门槛，让顾客感觉机会难得，从而更想马上下单。

打消顾客的顾虑

即使你把各种文案写作技巧用得天衣无缝，顾客还是会担心以下三类问题：

1. 产品问题。货收到了不满意怎么办？用一段时间坏了怎么办？没有广告上说得那么好怎么办？

2. 服务问题。配送费、安装费谁来承担？大件商品是否送货上门？

3. 隐私问题。情趣用品、排卵试纸等隐私产品，送货时是否会被他人发现？

这些问题如同悬在顾客心中的石头，不落地不踏实。聪明的文案人懂得主动提出这些问题，并化解它们，让顾客感觉购买产品毫无风险，从而放心下单。

很多人习惯网购，买家具也喜欢上网找。选定款式后，顾客还会格外关心售后服务。有些商家写得很简单：

> 包邮，
>
> 快速发货，
>
> 不满意退款。

顾客看完后还是会纠结：产品是送到物流站，还是家中？如果要从物流站送到家，还会收费吗？产品用了几年后坏掉了怎么办？

顾客当然可以找到客服咨询，但很麻烦，肯定会影响购物心情。而有经验的商家是这样写的：

0 元包邮，

免费送货上门，

10 天免费仓储托管，

专业师傅上门安装，

20 天无忧退换货，

15 年质保。

　　一段话就把顾客的顾虑都打消了，甚至想到了顾客可能忽略的事：如果装修进度拖延，可以把家具免费寄存在仓库中，等装修好再搬过去。这不但体现出卖家服务周到，还让顾客感觉卖家很有经验，会服务顾客，顾客就会更愿意在这样的店购物了。

✔ 实战要点

　　◆　主动提出顾客可能担心的产品问题、服务问题和隐私问题，并给出解决方案，让顾客放心下单。

　　◆　在文案中展现出你对产品的强大信心和认真服务的态度，能有效提高顾客购买产品的概率。

主动帮读者算账，让他觉得物超所值

　　前面讲到过，在顾客下单时，心中会隐约出现一个天平，一边是商品的价值，一边是商品的价格。一般人们会在确定价值后，才进行付款。若让顾客自己算这笔账，结果很难预料。与其让顾客"犹豫不定"，不如让文案来替他算这笔账，以下方法可以作为参考：假如产品很耐用，但价格比较贵时，我们可以把价格除以使用时间，计算出一天合多少钱，令他感到划算；假如产品能节电、节水或替代其他消费，我们可以帮他算出每年或者5年能帮他省多少钱，当他发现可以很快回本时，就会认为购买是划算的。

一个家电企业将产品线延伸到净水器领域，他们的产品特色是节水。在制造纯净水的过程中，净水器难免要产生废水。因为这款产品产生的废水非常少，所以产品的详情页里这样写道：

> 传统1杯纯水，3杯废水；
>
> 我们1杯纯水，1杯废水。

这篇文案运用认知对比原理，突出了自己产品的节水性能。但这样写容易让人们觉得抽象，顾客看不出直观的好处。文案人经过认真思考，加上了这样一句话：

> 如果普通家庭每天平均用纯水0.3吨，使用传统1:3净水器，
>
> 产生废水0.9吨；使用1:1废水比的净水器，产生废水0.3吨，
>
> 每天能节省0.6吨水，1年可节约水费约1000元。

顾客看完后就心动了。这款净水器售价1998元，顾客心里算了下，1年省1000元水费，两年省2000元，很快就能回本了。家电产品用三五年很正常，用得久自己就更划算了。这么一算，顾客就认为赚了，

也更愿意付款了。

让顾客为缓解负罪感，爽快掏钱

大家可能有过这样的经历：你发现一款产品，很精致也很强大，能给自己生活带来更多享受。你很心动，但觉得价格有点高，就迟疑了，心想：花这么多钱，是不是太奢侈了？我不能这么大手大脚，于是忍痛放弃下单。

所以，当你销售奢侈品，比如高档相机、电子产品时，顾客会严格把控预算，结果可能会放弃购买！这时你该怎么办呢？你可以告诉顾客买这个商品不是为了个人享受，而是由于其他正当理由，从而消除他心中的负罪感，让他尽快掏钱。

李大叔有辆电三轮车已经骑了三年，经常出故障。电车店的老板劝他花 4000 元换一辆新的，他心动了，可是他习惯了节俭，内心又劝自己：老车修修还能用。

店老板看出了他的心思，说道："你那辆老车前边空间小，外孙子只能坐你后边，摔倒或者被人抱走了，你都来不及反应。"他打开新车前方的儿童座椅，又说："这辆新车你外孙子能坐在前边，你随时能看到他。难道你不希望他坐得安全一些吗？"尽管李大叔是出了名的"铁公鸡"，但听到这句话，心理防线被击溃了，马上掏钱买了新车。

瞧，聪明的销售员用这招引导顾客成功下了单。人们有时也会用这招麻痹自己，让自己爽快下单。

✔ **实战要点**

◆ **"正当消费"包括下面四种：**

追求上进：能力进步、人脉拓展、思维学习提升、事业发展等。

礼品馈赠：送礼给合作伙伴、亲朋好友、家人，用于感恩；送礼给心中的女神，以俘获芳心等。

身心健康：减少疾病风险，增强体质，消除患病痛苦等。

儿童用品：确保小孩品行端正、聪明优秀，健康成长、有美好前途。

◆ 告诉读者，购买这个商品不是为了个人享受，而是"正当消费"，缓解他的负罪感，让他爽快掏钱。

给读者制造恐惧感，不买会有严重后果

在我们仅用正面词语来形容拥有商品后生活有多么美好时，常常不够给力，还必须从反面进行说明。

在日本发生核泄漏时，有谣言说多吃盐能防核辐射，于是全国各地都出现了抢购食盐的现象。显然，那些造谣者利用了消费者的恐惧心理，这样的文案是针对人的不安全心理做文章。一般来说，恐惧诉求式文案讲述的是真实的客观效果，以专业科学知识为依据，指出大众的某些认识误区，顺势完成营销推广。换言之，恐惧诉求式文案并非危言耸听，而是真诚地向目标客户表达忧虑和关怀。

这地方伤了，上半身就再也不会好过了！

这是一则健身知识营销文案，文章内容是介绍肩峰下撞击综合征，即俗称的"游泳肩"。一开始就用受伤的恶果警告，引起客户的重视。

不吃它，夏天白过！乱吃它，过不好夏天……

这是一则健身知识营销文案，内容是介绍关于牛蛙的健康烹调方法，以便利用这样的高蛋白、低脂肪的食物促进健身效果。

其实，"恐惧诉求"并非什么大秘密，真相反而是很多"恐惧诉求"文案根本吓不到人，请看下面这些文案。

一款防螨虫床垫的商品详情页：

螨虫遍布了你的家庭，是过敏性鼻炎、皮肤病的元凶，为了全家的健康，必须尽快除螨！

一款指纹锁商品详情页文案：

盗窃案频发，你家的锁真的安全吗？

这样的话能打动人吗？并不会。那么，正确的"恐惧诉求"该怎么写？我们先看个案例：

人们都知道刷牙的重要性，但还是常常应付了事。稍不注意，就容易牙龈发炎，不只刷牙时经常流血，严重时咬口白馒头都能看到一排血印。发作时牙齿常常阵痛，根本没办法工作（痛苦场景），只能请假看病，工资被扣了，还耽误工作，看病回来还得加班补上。（严重后果）

但凡去过牙科的人都知道：看牙真的很贵！治疗几颗牙，费用随便都要上千元，交了钱还要遭罪，躺在椅子上，闻着消毒水的味道，任牙医的手在自己口中钻洞，疼得眼泪在眼眶里打转（痛苦场景），真是花钱又受罪！（严重后果）

以上文案摘自一款国产电动牙刷详情页，以"痛苦场景 + 严重后果"为结构，让读者重视预防牙病，从而认真往下读，关注产品的具体功能。结果，这款牙刷在一个科技众筹平台上线后，24 小时内 1 万把的库存被一扫而空。

构思恐惧诉求式文案的关键是找出让目标客户最缺乏安全感的因素。它可能是产品的副作用，可能是产品的高价位，也可能是人们对未知事物的恐惧心理。广告文案人应该在调查客户时弄懂他们的不安全感来源，然后将这个不安全感来源与产品功效联系在一起。恐惧诉求式文案用来提出客户最担心的问题，而文案正文负责论证你推荐的产品如何解决客户担心的问题，这样才能让文案的整体效果更协调。

到这里，你是不是也总结出了这类文案的基本原则？就是用紧迫的节奏、简单的语言来带动读者的情绪。你可以在文案的开头就告诉读者这么做是错误的，还可以在文案的开头抛出一个或几个问题，给读者制造恐惧感，让他在想要解决问题的心态之下阅读通篇文案。

总之，只要你给读者制造出了恐惧感，并且这个问题不解决，将有可能危及生命或对生活有影响，那么可想而知，你的读者将会在第一时间进行阅读，进而对产品产生购买欲望。这个时候，你的文案就具备了想要的吸金力。

✔ **实战要点**

◆ 制造恐惧感的适用范围：省事型、预防型和治疗型产品。

◆ 恐惧诉求=痛苦场景（具体、清晰）+严重后果（难以承受）。

先指出竞品的差距，再展示我们的优势

一直盘踞畅销排行榜的心理学书籍《影响力》中提到："人类认知原理里有一条对比原理，如果两样物品不一样，我们往往会认为它们之间的差异比实际的更大。"

这个原理可以用在文案写作中：先指出竞品的差，再展示我们产品的好，我们的产品就会显得格外好。例如：

玛丽有一个 5 岁的儿子，她想买个烤箱和儿子一起玩烘焙，既能锻炼儿童的动手能力，又能丰富饮食。她打开购物 APP，搜索"烤箱"，发现一款产品的页面上是这样写的：

> 煎烘一体均匀加热，30L 黄金空间更高效；
>
> 上下双层发热管，360 度立体加热；
>
> 加厚钢化玻璃烤箱门，全方位散热系统……

玛丽一头雾水，和很多女人一样，她看不明白这些专业术语，也不想明白。她关掉页面，点开另一个产品的介绍：

> 普通烤箱：配置普通内胆，热量不能到达炉腔各个角落，烤大块肉类容易外熟里生。
>
> 我们的烤箱：配置钻石型反射腔板，3D 循环温场，均匀烤熟食物无死角！
>
> 普通烤箱：无法植入烤叉，功能少，不实用。
>
> 我们的烤箱：特有 360 度旋转烤叉，能烤整只鸡和羊腿，外焦里嫩。

普通烤箱:普通钢化玻璃，长时间高温烘烤时，有破碎风险。

我们的烤箱：经上万次防爆实验，研发出四层聚能面板，经得起千锤万烤。

玛丽之前用微波炉制作肉类食品时，最担心夹生，也担心烤箱出现同样的问题。文案主动提出了这一问题，还给出了解决方案。烤叉是意外收获，她想象着周末可以烤只全鸭，给家人一个惊喜。亲子烘焙时，安全是第一要务，文案提到的加固型面板也更让她放心。玛丽想要的，这款产品都有，一看价格只要200多元，她愉快地下单了。

有意思的是，这两个品牌的烤箱功能其实差不多，只是前者写成了难懂的"天书"，而后者借助认知对比原理，不但突出了产品优势，也让读者能轻松明白，爽快购买。

✔ 实战要点

◆ 认知对比适用范围：成熟品类产品，在某些方面"更好"。

◆ 认知对比写作方法：先指出竞品的差，再展示我们产品的好，我们的产品就会显得更好！

◆ 认知对比的两个步骤：

1. 描述竞品：产品差——利益少；

2. 描述我们：产品好——利益大。

第十章

你可以照抄的销售文案万能模板

分众传媒：在对的渠道投放对的内容

对企业来说，消费者的认知成本可以算是品牌经营中的最高成本了。企业选择不同渠道、不同媒介进行广告投放的根本目的，就是为了提高消费者对品牌的认知，帮助他们建立起对品牌的信任，进而达到降低交易成本，创造溢价空间的目的。

分众传媒的创始人、董事长江南春曾经说过："提高消费者对品牌的认知，就是为了帮助消费者解决下面的疑问——'品牌跟竞争对手的核心化差异是什么''选择品牌不选择竞争对手的理由是什么'。如果广告说不清楚这些问题，就没有投放的必要了。"

广告学是一门针对消费者心智结构的学科，主要研究的是如何让消费者通过广告相信并爱上产品，这就需要人们在对的渠道投放对的内容。

首先，让我们看一下对于广告来说，什么算是"对的内容"。广告学里有一个三段论，讲的就是这个问题。广告学三段论的具体内容是：第一步，体现出产品的差异化；第二步，让消费者通过广告对产品产生信任；第三步，深挖产品功能，并体现在广告里。

其次，有了"对的内容"，即企业已经写出优秀的广告语后，如何使它在众多广告中脱颖而出，吸引消费者的目光，并让其形成有效记忆呢？这就需要企业找到"对的渠道"。对于这个问题，我们可以从消费者的角度分析一下。在日常生活中，人们接受信息的方式不外乎两种：主动的资讯模式和被动的生活空间。

一般情况下，人们是通过主动的资讯模式来接收各种信息，所以广告商们也多从这个角度来投放广告。随着媒体环境的变化，人们接收信息的模式已经从多元化、碎片化，慢慢转变成粉尘化的模式。虽然人们接收信息的模式发生了巨变，但是被动的生活空间很难改变。针对这种情况，分众传媒把广告植入到消费者每天必经的公寓楼、写字楼的电梯中，力图抓住消费者生活中的碎片化时间投放广告。这样，在高频覆盖主流人群的同时，低干扰的电梯环境也保证了信息传递的有效性。下面，举几个相关的例子。

波司登的电梯广告：

为了寒风中的你，

波司登努力 42 年。

波司登羽绒服，

畅销全球 72 国，

赢得超 2 亿人次选择。

高品质——每件羽绒服至少经过 62 位工艺师、150 道工序。

更保暖——蓬松度最高可达 800+，超奢侈品的 5A 级羽绒。

防跑绒——采用德国防绒针，每 3 厘米高达 13 针，精密缝制。

极端测试——每一款都能通过 −30℃极寒、15000 次摩擦测试。

波司登为了能让品牌的专业品质、创新技术和潮流风格等与主流人群进行有效沟通，让主流人群认识到波司登的品牌价值，波司登选择与分众传媒达成战略合作关系，把品牌渗透到各大城市主流人群每日必经的电梯这一核心生活场景，抓住"主流人群、必经、高频、低干扰"的线下流量入口，突出如42年、72国、2亿人次选择等客观数据，实现品牌信息对主流人群的强制到达。

这里再举一个例子，是飞鹤奶粉的电梯广告：

飞鹤奶粉，更适合中国宝宝体质。

57年专为中国人研制，新鲜生牛乳制作，易吸收。

一年超5000万罐被妈妈们选择。

为了将"更适合中国宝宝体质的奶粉"这个概念更精准地传递给目标人群，飞鹤在2017年就与分众传媒展开了战略合作，通过大规模的电梯投放，助力飞鹤销量在主流城市的销售额得以迅速增长。从2018年开始，飞鹤围绕精准人群持续发力，加大了广告在分众主流城市的投放力度，向人们成功传递了飞鹤的匠心品质，让"更适合中国宝宝体质"成为越来越多消费者的选择标准。到2018年11月，飞鹤提前实现了年入百亿元的营收目标，成为中国婴幼儿奶粉中首个营业额突破百亿的企业。

再如，青花郎的电梯广告是：

青花郎，中国两大酱香白酒之一，

云贵高原和四川盆地接壤的赤水河畔，

诞生了中国两大酱香白酒，

其中一个是青花郎。

青花郎，中国两大酱香白酒之一。

2017年，郎酒对青花郎重新定位，锁定高端白酒消费集中的企业级消费、个人级消费、宴会消费这三大消费场景，借助分众传媒强大的资源优势，把"青花郎，中国两大酱香白酒之一"的独特定位和品牌价值最快、最有效地打入大中型城市的中高端风向标人群心中，形成与竞争对手的差异化，构建出青花郎品牌的认知优势，引领白酒行业的消费升级。

由上面的案例可知，分众传媒帮助企业在对的渠道投放对的内容，成功地将品牌的广告效益发挥到最大化。

惠优喜：瞄准痛点，与新手妈妈建立品牌记忆关联

对于品牌来说，广告语的重要性不言而喻，尤其是当行业发展到市场成熟期，品牌面临同质化竞争的情况下，优秀的广告语能让品牌在消费者心中留下深刻的印象，甚至影响他们的购买决策。在母婴行业，惠优喜就通过聚焦母婴营养，提炼出极具品牌特色的广告语，给人留下了深刻的印象。

让妈妈的爱更营养

随着整个母婴行业的规范化和政府的监管力度加强，国产奶粉逐渐得到了更多人的认可，中西方人群在基因结构和营养代谢、母乳成分等方面的差异，以及基因对不同个体的营养需求和健康的影响也慢慢为人所了解。于是，专为中国人特点打造的奶粉配方、母婴营养品配方渐渐成为中国奶粉行业的主流方向。

伴随着消费升级，消费者对产品的需求越来越偏向于个性化定制，母婴行业同样进入了个性化定制阶段，不同的准妈妈缺乏的营养和健康情况各不相同。惠优喜在经过长时间的调查和研究后，联合 CTR 央视索福瑞发布的《2018 中国母婴营养行业白皮书》中，首次提出"千日营养免疫"的理念，全面助力中国母婴营养的改善和相关健康教育的提升。

惠优喜也由此诞生了品牌 slogan："让妈妈的爱更营养"。将品牌的落脚点放在母婴用户最关心的营养问题上，认为均衡营养应该从孕期，甚至备孕期开始，通过不同阶段的营养补充，解决妈妈们对营养失衡问题的担忧。

因其击中了母婴用户的痛点，惠优喜迅速在母婴奶粉市场站稳了脚跟，赢得不少用户。

每个小脑袋里都住着个文曲星

跟品牌广告语一样，惠优喜在婴幼儿大脑发育方面同样捕捉到了妈妈们的精准诉求：婴幼儿的大脑营养如何补充。并循着这条路径挖掘到影响大脑智力的重要元素：DHA。

但是 DHA 对广大的妈妈们来说是一个陌生的概念，怎么让妈妈们理解惠优喜的这款产品有助于婴幼儿的智力发育呢？惠优喜巧妙地运用了中国神话传说中的文曲星。

在中国古代神话传说中，文曲星是聪明、智慧的代表，而 DHA 则是促进婴幼儿大脑发育的营养素，可以让婴幼儿更聪明。通过 DHA 与传统神话的类比，妈妈们能够清楚地理解 DHA 的功效和作用，并产生了孩子吃了 DHA 后变聪明，成为下一个文曲星的联想。

借助这句广告语，惠优喜成功地将 DHA 的作用推广到妈妈群体中，同时有效地与市面上的其他婴幼儿奶粉形成差异化。此外，惠优喜还邀请世界脑营养权威、营养协会、三甲医院营养科主任等权威人士，对婴幼儿大脑发育机理和营养知识进行科普，让 DHA 与文曲星更加紧密地联系在一起。

这样的广告语不仅通俗易懂，而且还对产品的销售起到了很大的帮助作用，使惠优喜的文案在母婴行业清一色的"专为 ××× 体质定做"等广告中脱颖而出。

美的：用生活方式对话年轻人

如今，互联网已彻底改变了年轻一代的生活方式和消费方式。在家电行业整体承压的 2018 年，不少家电品牌开始将目标瞄准了年轻群体，比如美的。

为了俘获年轻受众，美的一改此前家电品牌的常规颜色，推出如马卡龙色限量款空调。在宣发上对准年轻人追崇的生活态度，在颜值和态度两个层面锁定了年轻消费者的喜好。

在对生活方式、生活态度的诠释上，美的抛开了行业内一贯的海报做法，而是联合了头部 KOL、黎贝卡，为这款产品拍摄了主题视频，在画面和文案的结合下，引起了年轻受众的强烈共鸣。

马卡龙绿，最清爽的一抹颜色，不流于浮华，又不失独特的恬淡。美的 MWOW 空调马卡龙绿色限量款，极简又不失个性，优雅又不失活力，灵动自然，带给我最舒适的体验，让我的身心都变得平静。心平静了，生活也就简单了。

线条是我看待人生、记录生活的一种方式，尤其是曲线。曲线，看似简单，却能勾勒出作品的情绪，在每个跌宕起伏处诉说着主人的故事。一条完美的曲线可以缓解现代生活的压力、浮躁。就如 MWOW 空调平滑而动人的简约线条，简单而富含品质，尽显生活风范，不愧是简单生活的一抹亮影。

设计是把文化凝聚成独特印记的方式，我喜欢在设计中加入中国传统文化元素，让文化之美成为耀眼的标识，如中国传统印章，是作品的象征，与作品一起千古流传。MWOW 空调中的小红标，就如同作品中的印章，立显非凡。

在美的空调的宣发视频中，分别从时尚博主黎贝卡、耀州窑产品设计师丁允皓、故宫授权印章设计师张建民三个人的角度，讲述了他们对世界的看法、态度——世界很复杂，我却很简单。

在视频的缓缓推进下，受众不仅读懂了美的想要传递的极简生活理念，而且还在黎贝卡和另外两位原创设计师的带领下，了解到美的空调的功能及设计想法。整个视频画面赏心悦目，态度明确，吸引了很多消费者对产品展开进一步的了解。

随后，美的还打造了简单生活地铁专列，以自带清凉感的马卡龙绿色作为主色调，成为炎炎夏季中的一股清流。

过你喜欢的生活，喜欢你过的生活。

能不顾形象地席地而坐，就是简单。

即使睡到自然醒，也不用担心会被炒鱿鱼，就是向往的生活。

用不将就的态度，过简单自在的生活。

美的选择地铁专列投放，一是看中地铁环境相对封闭，能增加消费者的观看率；二是因为这款产品的目标受众比较固定，他们的年龄集中在 18 ～ 40 岁，教育程度多是大学以上，收入以中高层为主，以公司职员、大学生和管理人员居多，这些人正是地铁的主流人群；三是地铁中的广告重复性强。据权威数据统计，地铁出行中比例最高的是通勤交通，即上下班和上下学，它占全部出行的三分之二以上，这使得地铁广告能对精准人群进行高频率覆盖。

美的的这种通过主题视频圈粉、地铁广告固粉的广告文案推广做法，值得各大品牌借鉴学习。

长隆&鼎湖山泉：圈层渗透，打通人群通路

在品牌建设与品牌营销中，明星代言一直都是一条捷径，企业可以借助明星的知名度得到快速成长。随着各大品牌对明星的渴求度增加，当红明星的站台费也水涨船高，严重压缩了品牌推广的费用。于是，很多品牌开始转变传播思路。乔布斯身着牛仔裤、T恤衫，手执产品亮相聚光灯下的形象，作为一个标志性符号，开启了企业家冲到前台营销自我的新营销时代。

随后，马云、雷军、董明珠、李东生、余承东等一大批企业家开始从幕后走到台前，以个人信誉为产品背书，甚至连企业高管也开始活跃于各大社交平台，展现他们真实的生活状态、工作状态，并成功收获了一大批粉丝。

企业高管与明星、KOL代言最大的不同在于，企业高管更愿意为品质生活买单，他们在吃喝玩乐甚至思想方面的分享上，都是基于个人信誉给出的，塑造的是个人的影响力，而不是为了代言而代言。所以，他们中的很多人一度成为中产阶级品质生活方式的风向标。

同样将目标瞄准中产阶级群体的长隆和鼎湖山泉在推广新品时，也不约而同地找来了企业高管为自己的品牌站台、发声。

原来为人父母也会有过期的一天，陪伴永远不嫌多，我选择长隆——资深媒体人陈大咖。

我爱你，不需要发信息，只需要当面告诉你——作家红肚兜儿。

我所有的压力，都在和孩子一起疯玩的时候得到释放——禾禾文化创始人、酒店及旅行达人梁旭君。

最干净的地方除了家，还有孩子的心灵——立白VP许晓东。

我可以错过千条重要新闻，但绝不想错过孩子的成长——"信息时报"总编辑黄楚慧。

游戏中再厉害的角色，都比不上现实中的"妈妈"——著名游戏网红、游戏主持人蔡灵子。

长隆熊猫酒店瞄准的消费群体是精英家庭，主打更优质的陪伴。在工作上，你可能是媒体人、可能是VP、可能是创始人，但当回到家，你的身份还是妈妈或者爸爸。

你平时的时间可能都被工作占用，于是对孩子的优质陪伴成为他们生活中重要的关键词。为此，长隆以家庭为单位，邀请企业高管一家前来体验，并定制了"野生动物世界、欢乐世界、长隆国际大马戏三选一＋熊猫酒店"的覆盖"深中浅"三个维度的亲子欢乐家庭游体验路线。

企业高管们在完成线路后，再根据实际体验给出体验感受，以对孩子的"优质陪伴"有感而发，完成了对长隆熊猫酒店的自传播过程，同时在他们各自的圈子内进行渗透，给精英家庭选择亲子游时提供一个可选择的最佳方案。

这样的传播方式，比找网红、找明星代言更能直接打通人群通路。无独有偶，在消费升级之下，广东知名饮用水品牌鼎湖山泉同样将目标瞄准了中产阶级，文案中重点宣传为人们提供更健康的饮水方式。为了击中中产阶级的心，鼎湖山泉找了一群企业高管做试用调查。

喝鼎湖山泉，做健康生活的主导者——广东电视台著名主持人蔡婷子。

喝品质好水，享健康生活——书享界创始人邓斌。

提升生活品质，从每一滴真正的好水开始——广州电视台主持人林雨轩。

8L 三天啫啫好，领鲜生活——文投国富联合创始人刘一桦。

鼎湖山泉水，健康新标配——海南康芝药业品牌管理部总监方康莉。

一桶水的选择，突显你的生活智慧——考拉先生联合创始人兼执行总裁王嘉萌。

怎么用更健康的饮水方式瞄准中产阶级呢？鼎湖山泉针对现代小家庭重新设计了产品容量，4.5L、8L、15L 的容量相比传统的桶装水更小，免除了小家庭喝不完的水会产生细菌的焦虑。此外，鼎湖山泉的水桶采用了一次性 PET 桶身，避免了重复使用，使饮用水更卫生、新鲜，从源头上杜绝了"二次污染"，消费者也无需为小桶水交付押金、退桶。

鼎湖山泉通过请企业高管在朋友圈晒出自己的使用体验，宣传鼎湖山泉是"好水"，是健康的饮水方式，使品牌形象更深入地传播到目标人群中。

为什么是朋友圈呢？因为相比微博的开放性，朋友圈更具私密性，同时也更能展现出企业高管的真实生活。所以，在朋友圈上晒鼎湖山泉的健康饮水理念，更能击中中产阶级的饮水需求，完成圈层渗透。

正是因为有同样的目标群体，同样的消费需求，促使了长隆和鼎湖山泉这两个截然不同的企业选择了同样的传播手段来打通人群通路，并获得了成功。

格力：用"出格"搏出空调产业的一片天

多年来，格力电器公司稳稳占据行业"寡头"地位，从"掌握核心科技""让天空更蓝大地更绿"，到"格力，让世界爱上中国造"，格力电器在文案营销中从未停下创新的步伐。

在硬广营销策略大获成功的同时，文案营销也成为格力开辟的侧面战场。格力电器频频出现在各大门户网站的科技、焦点人物、行业资讯等版面。在微博和微信朋友圈，关于格力电器的讨论和文案阅读量更是居高不下。

2013 年，在"中国经济年度人物"颁奖典礼上，董明珠与雷军的10 亿赌局震撼业界。多年以后，究竟是代表着传统制造产业的格力电器通过实体与电商结合走得更远，还是基于互联网迅速发家的新科技企业小米凭借新技术、新思路抢占更大的市场份额？这个话题引发了千万网友的热烈讨论。

在这场交锋中，不管最终董明珠能否取胜，毋庸置疑，中国乃至世界都不会忘记格力电器是一种企业发展模式的代表。董明珠和雷军的 10

亿赌局，也标志着格力电器完全打开了互联网化转型的大视野。

2015 年，董明珠曾向媒体直指国内有企业到格力电器挖人。人们纷纷猜测这指的是另一电器巨头美的。格力和美的共同推动了中国家用空调产业的进步，也因此成为最大的竞争对手。对于董明珠的指责，美的集团董事长方洪波回应：只要是珠海那家企业的人，我们绝不会用。

在珠海第一届珠江西岸"装洽会"召开时，董明珠曾接受媒体的采访，与方洪波隔空叫阵，让媒体到北京酒店查看入住名单，便能够知道美的有没有到格力挖人。董明珠提到的北京酒店，指的是位于珠海前山的一家酒店，这家酒店距离格力电器仅有六七公里的距离。

其实，美的并不是格力针对的第一个对手，此前，长虹、志高、奥克斯、海尔等都遭遇过格力的针对性评论。为此，苏宁易购曾联手六大空调企业，发起"破格行动"，连发六张言辞犀利的海报，分别针对格力电器的六大短板：

大姐站台，你行！大哥代言，我行！——志高

十亿任性赌局，你行！十分军工品质，我行！——长虹空调

侵权盗版，你行！自主专利，我行！——海尔集团

变脸比火气，你行！变频拼冷静，我行！——海信集团

高价产品玩假摔，你行！高质省钱真功夫，我行！——健康空调奥克斯

做梦一统天下，你行！省电一晚一度，我行！——美的

针对"破格行动"，在接受媒体采访时，董明珠只是以"无聊"作

为回应。自 2014 年以来，董明珠的名字不时见诸报端，一次次成为话题人物。作为空调行业的老大，在渠道上格力拥有绝对的话语权，成为业内最让人担忧的竞争对象，行业危机一触即发。海尔集团发布了一篇名为《阿姨阿姨我们不约》的文案，一时间传遍互联网。

不管竞争对手推出多少篇充满"敌意"的文案，面对媒体，董明珠总是能够侃侃而谈。也许，在董明珠带领下的格力摆脱不了与同行、网民打口水战的情形，但是，所有人都能清晰地感知到格力现在和未来的力量。

董明珠是不折不扣的"营销女皇"，她渴望消费者一提起格力空调，想到的就是"好空调格力造"。2015 年 9 月 22 日，多位企业家又一次齐聚珠海，见证格力电器发布的新的品牌口号——"格力，让世界爱上中国造"。

《格力：为你讲述一个中国造的新故事》是一篇发表在新浪科技版面的文案。文案从"中国造，是一个国家的尊严""中国造，是迎接新工业革命的基石""中国造，是中国企业家的历史使命"三部分介绍格力为在世界范围内推进"中国造"进程而进行的智能研发和自主创新。

格力还将文案营销战场延伸至微信朋友圈。2015 年 9 月 23 日，一篇文案在微信朋友圈炸开了锅："我是董明珠，制造业是国家强盛的基础，我愿意为中国造奋斗。让世界爱上中国造！"网友纷纷留言点赞，甚至有人高调截图转发，对此进行原创性的内容创作。

广告文案是格力电器营销的法宝。董明珠看上去"出格"的行为，让她自己和格力电器成为媒体竞相追逐报道的新闻，以及网友热议的对象。实际上，在这个"营销活动就怕没有声音"的时代，格力电器已经在文案营销竞争中将对手远远甩在了后面。

江小白：卖的不是酒，而是对生活的态度

最近几年，江小白算得上是一个通过新媒体内容运营创造出来的白酒品牌。我觉得，"江小白"团队其实并非传统意义上的酒企，而是一家营销公司；"江小白"卖的也不是酒，而是对生活的态度，这是一个很重要也很聪明的定位。没有悠久的历史、醇厚的文化、知名的品牌，什么都没有，自然就没有负担，这决定了"江小白"品牌的营销不能走"寻常路"，而要借助新媒体进行内容营销、社交营销。

江小白的创始人陶石泉曾经说过一句很经典的话："产品出来了，剧本就出来了，剧本来了，IP就来了！"这句话一语道破社会化营销的精髓，打通了"内容营销""产品""传播"和"品牌"的闭环，也为江小白借助社会化营销的风口插上了一双腾飞的翅膀，一夜之间红遍大江南北。

移动互联时代，营销从产品开始，想要让产品引起大众热议，一定要具备两个特征：一是产品有特点，基于消费场景，和消费者产生互动；二是产品附带社交属性，可以制造话题，引发自动传播。

江小白1.0语录版恰恰命中以上两大营销痛点，时尚精致的青春卡

通形象，一句"我是江小白，生活很简单"的经典语录，正好命中拼搏中都市青年无奈、落寞的内心痛点：我拼搏了多年还是一事无成，面对无助，多么渴望生活纯真一点、简单一点。一句"亲爱的小倩，重庆的冬天来了，你在北京会冷吗？今天喝酒了，我很想你，一起喝酒的兄弟告诉我，酒后第一个会想到的人是自己的最爱，这叫酒后吐真言，已经吐了，收不回来了"刺中了无数都市青年那颗孤独的心……受众会觉得酒瓶子上的每句话都说到自己心坎里去了，自然而然地会通过微信、微博等社交化平台自发传播。

江小白 1.0 语录版是单向给消费者的，说对了才能产生共鸣，互动有一定的局限性，无法让消费者深度参与。到了江小白 2.0 表达瓶，则让消费者深度参与了进来，他们既是内容的消费者，也是内容的生产者。消费者在饮酒、聚会、失恋等不同的场景表达出了不同的情绪发泄，成为江小白的文案库。江小白会从中筛选部分内容变成受众对产品的表达，让消费者的体验得到荣誉般的溢价。江小白 2.0 表达瓶拥有五个功能：

◎ 消费者可以与产品深度互动；

◎ 打破文案内容创意的边界；

◎ 碾压了场景社交的框架；

◎ 满足私人定制；

◎ 使产品成为一个超级媒体，成为最大的流量入口。

江小白 2.0 表达瓶基于这样的传播逻辑，让产品变成了像微博、微信朋友圈一样表达自己态度和行为的载体，使每个消费者都成为江小白的代言人。

微信、微博已经成为年轻人生活社交的重要载体，通过微博、微信进行营销有传播广、成本低、见效快的优势。而微博营销的精髓在于话题营销，话题营销的精髓则在于引发网友共鸣和互动。江小白团队使用拟人化手法，将品牌塑造成一个"80后"青年形象，借势各种热点事件，融合多种网络流行元素，在嬉笑怒骂中表达简单真实的生活态度，时而卖萌，时而自嘲，关键时刻还会传递一下正能量，颇能引发目标消费者的共鸣，形成话题并实现转发。

江小白另一个区别于传统酒类品牌的显著特点是：与消费者近距离沟通，与更广大的潜在消费群体进行互动。这一特点，决定了江小白更容易吸引读者，更容易提高用户忠诚度，最终形成具有影响力的粉丝群。

现有的白酒品牌，无论是普通大众消费还是政务、商务，无论高端还是中低端，几乎都在自说自话，单向地向消费者传递自己的文化、定位和卖点。这些品牌总是有意无意地在拒绝与消费者互动，从而拉开了与消费者的距离，无法形成高忠诚度的粉丝群体。"我是江小白"的品牌从消费者中来，到消费者中去的互动式营销，尽管未必适合所有品牌，但"与消费者互动提高用户忠诚"的经验仍然很值得借鉴。

饿了么：将故事型文案做到极致

在百度外卖、美团外卖、口碑外卖等外卖网站的围堵之下，饿了么冲出重重包围圈，成为外卖行业的一匹黑马，文案在其提高搜索引擎排名上起到的作用功不可没。最早，饿了么在多篇文案中都讲述了团队"极致、激情、创新"的创业故事。

当年，在上海交通大学的宿舍中，张旭豪和汪渊、康嘉、邓烨几个室友玩电脑游戏直到半夜，肚子饿了，于是，几个人打电话给几家外卖店，然而根本打不通。他们就开始讨论，为何夜间不能送外卖？大家你一言我一语，纷纷表达自己的看法。

几个人越聊越有信心，创业兴趣一触即发。每个人都开始设计自己的外卖商业模式，一直聊到早晨5点。天一亮，他们就开始正式行动。首先是做市场调查，通过暗访一家家餐厅，他们了解了每家餐厅一天内能接到多少外卖电话、送多少份快餐。

张旭豪几人主动与学校附近的餐厅沟通，承包其订餐、送餐业务。宿舍成了工作室，包括一台热线电话，两个接线员和调度员，并找来了十几个送餐骑手。对于接到的每一个电话，接线员的职责是告诉顾客几家餐厅的菜单，并完成订单。然后由送餐员到餐厅取餐，并送到顾客的处所，收款完成交易。这样的模式运营了几个月，饿了么累积了学校周边17家餐厅的外卖业务。

这个故事从营销的角度而言，就是一篇成功的销售文案。

对于提高搜索引擎排名的文案方式，大致可以归结为下面几种：

◎ 产品性文案。这种文案形式，乔布斯做得得心应手。苹果手机在刚刚推出时，通过大量文案讲述了乔布斯如何尽心选择材料。

◎ 创业过程性文案。饿了么的创业故事，就是创业过程性文案的主要形式。文案可以从创业艰辛、创业成果等方面进行讲述。这类文案具有很强的纪实性，容易引起读者的共鸣，从而带来一定的关注和转发量。

◎ 情怀性文案。罗永浩最喜欢讲情怀，将做一款手机的目的升华到精神的高度，为产品赋予灵魂。

上述三种文案都有比较成功的营销案例。从运营的角度而言，这三种形式的文案分开或组合使用效果更好。

此外，饿了么还采用了另外一种文案推广方式：事件性文案。

2011年6月25日的上海交通大学毕业典礼，让张旭豪意识到自己创办的饿了么改变了人们的日常生活习惯。这场毕业典礼在微博进行了现场直播，颇具互联网时代的印迹。典礼上，校长张杰将饿了么与"交大那些事"、BBS相提并论。由此可见，饿了么对上海交通大学学生的生活有着重要的影响。

从创办饿了么的第一天起，张旭豪就认为自己要做一项伟大的事业。于是饿了么走出上海交通大学，成为覆盖上海所有高校的网上订餐网站。不久后，饿了么获得金沙江创投的青睐，一次性给出了100万美元的风险投资。

后来，饿了么陆续出现在各大媒体的新闻报道中，其员工也开始接受《创业家》杂志的采访。2014年8月，《南方日报》以《饿了么，20

万免费午餐发起白领市场总攻》为标题，报道饿了么面向上海白领送出 20 万份免费午餐。同年 10 月，《i 黑马》以《外卖 O2O 平台饿了么，如何实现半年 10 倍增速》为标题，报道饿了么网上订餐迎来的"大裂变"。

2015 年 3 月，一篇名为《饿了么：一群大学生的奇幻之旅》的文案在各大网站广为流传，饿了么网站搜索引擎排名一飞冲天，冲上各大外卖网站首位。此外还有《经纬合伙人丛真：湖南菜馆里发现饿了么，馄饨小店里决定要投》《饿了么邀王祖蓝代言，和你一起拼》《饿了么获 63 亿美元融资 创全球外卖行业最高纪录》等新闻。

张旭豪称饿了么为"中国互联网历史上增长最快且没有垮掉的企业"，原因在于其对数据平台的掌控。饿了么为了优化数据平台，从各大知名企业，如腾讯、唯品会等引进数据分析人才，为饿了么带来一整套大数据分析法。

依据用户偏好、区域性市场投放及产出等，饿了么研发出一套数据调度系统，搭建大数据平台，并在此基础上深挖客户端网络用户的搜索习惯。只要用户搜索"外卖""订餐""饿"等关键词，饿了么绝对会出现在前三位。此外，饿了么网站还运行了搜索副词，用户搜索"最好的外卖网站""十大外卖网站"等，饿了么也通常名列榜首。

杜蕾斯：内容营销引爆新媒体

如今，口碑、数字营销、粉丝等热词风行，但真正能够从预算到营销方法架构，再到考核标准都做到"内容为王"的营销却凤毛麟角，而杜蕾斯是其中最成功的代表之一。

2012 年 7 月，微博红人"东东枪"发了一条微博："……毫无征兆地收到了一份神秘快递……内有 CD 一套，安全套两盒，书信一封……来自 @ 杜蕾斯官方微博……我上辈子是作了什么孽啊……"在微博里面的书信照片写着："由于您说您是一个高尚的人，一个纯粹的人，一个有道德的人，一个坚决不脱离低级趣味的人，对于您这样有着独特品位的基层创作艺术家，我们苦思冥想，终于找到了适合你艺术品位的作品，这份《中国曲艺名家选段》，可以帮助您净化内心和灵魂，进一步提高艺术品位……"

对"东东枪"来讲，这个"毫无征兆"的礼物自然来自杜蕾斯的"预谋"。杜蕾斯从 7 月份开始谋划了这次微博内容营销，将目光瞄准"领域内的意见领袖"，以给他们"送礼物"的方式制造一波话题讨论。杜蕾斯团队精挑细选了 20 位意见领袖，开始日夜关注他们的微博内容，以求找到送哪种礼物的蛛丝马迹。比如，其中一位发了一条微博，表示自己想去听场相声，杜蕾斯团队马上以最快的速度购买了相声演出票，并由团队人员亲自送到他手中。这些用心的动作，引发了意见领袖及粉丝们的一致好评。

杜蕾斯所在的利洁时中国区总经理赛艾迪曾说："我们在营销方法

的预算中投入最大的一块是内容。"以内容为驱动是利洁时中国所有市场营销策略的核心。凭借这一原则，杜蕾斯已经是微博等网站最大的品牌账户，超越了麦当劳、可乐等大众知名度更高的品牌。

"我们自身具备视频制作的能力，原因是我们相信：有趣的视频不管在哪个媒介接触点上，形成的曝光质量都很高。同样，我们也很青睐年轻的、富有创新性的机构，这是由于他们会对我们的目标消费者有着更深的洞察，而这增加了他们做出高曝光质量内容的可能性。"

通过内容运营，仅在新浪微博上，杜蕾斯已经吸引了众多的粉丝（截至 2019 年年底已突破 310 万人），并借由内容形成了强大的粉丝认同感，很多用户开始自主为杜蕾斯生产内容。

"有很多人愿意业余给杜蕾斯制作视频，对此我们很欢迎"，赛艾迪向记者展示了几个业余爱好者为杜蕾斯制作的视频广告，其创意和制作水平比起正规团队毫不逊色。"很多人是觉得好玩，通过制作视频可以证明自己的创作实力"，对于这些积极的尝试者，赛艾迪的态度很鲜明，"我们很开放，有人说我想给你们制作一个内容，我们就答应，通过对品牌所有权的开放，我们可以以很低的成本吸引到很高质量的内容，这很棒！"这些合作者逐渐累积下来，成为杜蕾斯独一无二的合作伙伴。

杜蕾斯之所以能够成功做到这样的用户凝聚和自发的内容制造，是否源于作为安全套品类所具备的独特话题性？赛艾迪认为原因不在于此，因为在杜蕾斯全球那么多的市场中，也只有杜蕾斯中国做到了这样的吸引力。"这是我们投入在内容上的结果，而且这需要时间，我们也只是长征迈出了一小步。"如何将这样的合作伙伴体系系统化扩大，是杜蕾斯品牌接下来的重点所在，"我们会继续开放我们的品牌所有权，鼓励人们进行品牌的内容制造。"

加多宝："怕上火"直击人心

当年，加多宝与王老吉闹得不可开交，争夺红罐是两大凉茶巨头的第一要务。加多宝虽然失去了王老吉品牌运营权，仍然成功打造出了正宗凉茶的品牌形象。

实际上，在加多宝公司刚刚运营王老吉品牌时，广告营销的力度并不深。特别是对于北方消费者来说，"怕上火，喝王老吉"仅仅是一个能让消费者记住的口号，并不能成为促使消费者购买的动力。

因为北方与南方在气候上完全不同，北方人并没有喝凉茶去火的刚性需求。所以，在2010年之前，如果一个北方人买了一瓶王老吉，其购买的理由应该不是"去火"。

在这一阶段，尤其是在渠道商方面，加多宝团队表现尤为亮眼。加多宝公司构建起了一张巨大的地面网络，消费者被红罐凉茶包围了。从便利店的海报、门头、冰柜，到餐厅的牙签盒、门口的把手，再配合央视大规模的广告投放，加多宝品牌被迅速打响。

在失去王老吉品牌以后，加多宝从幕后走向台前，让新品牌取而代之。在营销策划中，加多宝沿袭了王老吉品牌一贯的定位理念，把加多宝凉茶定位为正宗凉茶领导者，利用媒体大张旗鼓地宣传加多宝是正宗凉茶，直接挑战王老吉的行业地位。

比如，冠名浙江卫视的《中国好声音》栏目，打出"正宗好凉茶，正宗好声音"的广告语。而且，为了有效阻击王老吉，加多宝以"全国销量领先的红罐凉茶改名加多宝，一样的配方、一样的味道，怕上火，喝加多宝"为广告语，不仅巧妙地利用了王老吉的资源，而且，最大限度地留住了原来王老吉的凉茶消费者。

在"全国销量领先的红罐凉茶"这则广告被叫停后，加多宝推出了另一则广告，"全国每销售10罐凉茶有7罐是加多宝"。

行业内，加多宝的最大竞争对手是王老吉，然而在配方、历史等方面，加多宝都远远不及王老吉这个名号。所以，加多宝公司唯一能够宣传的只有自己的行业地位。通过市场份额领先这一诉求，加多宝公司建立起市场领先的优势，并将这一销售额领先的诉求传递给消费者，借此打压王老吉的地位。

此时，加多宝公司也从最初打的"悲情牌"中走了出来，与王老吉彻底决裂。而与王老吉的官司风波、仲裁，广告语一再改变，清理存货，向媒体出示合同、专利，请求公正，产品被查扣等信息，成为吸引媒体和读者注意力的关注点。借助媒体的大量报道，原本名不见经传的加多宝凉茶迅速进入大众视野。这些媒体报道和网络传播，远远超过了加多宝公司直接发广告的宣传效果。一时间，"加多宝"成为街头巷尾和各大知名网站、论坛的热门话题。

除了冠名各个卫视的知名综艺节目和某些二三线城市的电视节目，加多宝公司还全面打通宣传渠道。另外，加多宝公司还巧用"家多宝"

的谐音和喜庆的红色包装，将加多宝品牌覆盖至网吧、KTV、婚庆等欢庆娱乐场合。

出色的文案营销都遵循"终端巩固提高法则"，品牌广告不但要在各大媒体曝光，还需要在销售终端让消费者触手可及，以此加深消费者对品牌的印象。加多宝深谙此道，在餐厅、超市等销售终端，人们都能够发现加多宝的喷绘、红灯笼等各式宣传品。每个有加多宝凉茶销售的地方，都有加多宝凉茶的广告。为了让消费者便于携带，加多宝公司还增加了塑料瓶装加多宝凉茶产品。

在营销策略上，加多宝一直注重软性营销。在世界经理人互动社区，加多宝公司曾引发关于"加多宝"的多个热议话题。在网易新闻客户端，加多宝公司发布了题为《从0到200亿，加多宝首度披露凉茶之战详细内幕》的文案。同时，加多宝公司还发布了一系列科普类文案，宣传加多宝凉茶的保健功能。通过介绍加多宝凉茶的主要成分及相应的功效，加多宝公司向消费者灌输该公司凉茶帮助人们预防肝火、留住健康的理念。

通过捐助贫困山区儿童、公益助学和关爱老人健康之旅等活动，加多宝公司塑造出负责任的企业品牌形象。加多宝接受了媒体采访后各大门户网站刊登了这样一篇文案——《加多宝：中华慈善奖背后的公益理念》。文中提到关于财富观的问题：由于更重视人的精神财富，所以加多宝在公益事业上不遗余力。加多宝公司也一直发起一些倡导型公益宣传，包括实行员工的银行月捐计划、推广全民公益研讨等。

另外，还有《资金资助与理念传播并行，加多宝引领公益助学新潮流》等文案，讲述加多宝"1 帮 2"爱心助学理念，将加多宝公司塑造为公益助学领域权威的形象，无形中提高了品牌可信度和消费者的认同度。加多宝还推出"健康饮料"的概念，以新闻的形式，让记者亲临办公大楼和居民区现场。记者发现，前来咨询的消费者争相填写冬季身体健康调查问卷，购买加多宝凉茶，这样的火热的场面与寒冷的天气形成巨大反差。

通过采访促销人员得知，消费者大都看中了加多宝凉茶能预防上火的健康功效。从与人们息息相关的健康话题入手，着重宣传加多宝凉茶预防上火的健康诉求，同时引证各大商超的销售数据，引领了一轮健康时尚风。

在医院和高校开展的加多宝凉茶捐赠活动，也得到了普遍赞同。对此，加多宝公司相关负责人表示："公司的出发点是要提醒全国各地的朋友，冬天更容易上火。希望大家对冬季干燥易引发上火重视起来。"

加多宝公司为了证明加多宝凉茶的去火功能，在多篇文案中列举了加多宝凉茶"仙草、甘草、菊花、金银花等具有预防上火作用的纯天然草本植物"的原料配方。

加多宝凉茶的健康功效还有相关医药专家做证。比如，"加多宝凉茶秋冬防秋燥、春夏祛暑湿""现代科学研究表明：加多宝出品的正宗凉茶能预防上火，有益身体健康"等文案，都是在讲这方面的内容。

加多宝公司利用王老吉的市场空当和纠纷热度，采取了密集轰炸的广告空战攻势。不仅在传统的平面媒体、海报、电视、流动载体、网络等平台上大力推广，而且还运用了现代工具，包括专家评论、微信微博、媒体文案、网络水军、QQ 等社交媒体平台。通过各种努力，加多宝凉茶实现了销售额从 1 亿元到 200 亿元的飞跃，为文案营销做了最出色的诠释。

舒客：深耕内容，重视场景化沟通

从传统媒体时代来到碎片化的自媒体时代后，品牌广告的形式发生了翻天覆地的变化，品牌文案的载体也越来越多样化。海报、TVC 不再是品牌发声的唯二选择，视频旁白、电影字幕、弹幕、歌词、公众号、微博等载体的兴起，让品牌发声变得层次更多、更全面了。

其中，在"双微一抖"（即微信、微博、抖音）搭建蓝 V 的方式最受品牌方的欢迎。在同样的品类中，有的品牌有几百万粉丝，但互动数只有几百；有的品牌只有几十万粉丝，互动数却高达几百万。怎么在这三个渠道跟年轻受众形成有效沟通，跟消费者打成一片，成为各大品牌的重点研究方向。

舒客经过不断的试错和尝试后给出了回应："内容就是最好的沟通"。在舒客的微信蓝 V 号，自我定位主要是对人们口腔知识的启蒙教育。

小舒客堂｜长期使用电动牙刷会导致牙齿敏感？胡说！

【0 元领课】专业大师教你 3 招，为宝宝打造一口好牙！

小舒客堂｜谈饭后漱口的重要性，还有惊喜福利。

舒客通过微信公众号，不断科普口腔护理知识，告诉爸爸妈妈要怎么护理孩子口腔；告诉年轻人，人生第一把电动牙刷怎么选；告诉所有成年人，关于口腔护理的正确姿势……舒客的微信公众号的推文标题平实、有料，没有夸大宣传，也没有标题党，因而博得了消费者的好感，每篇推文的互动率极高，摆脱了品牌"自嗨"的尴尬局面。

舒客的微博蓝V号，因面向更年轻的用户，选择了浅阅读形式，采用了更年轻化的语言跟年轻人沟通。在形象上，还为自己设立了一个"人设"：小舒是一个男孩，小客则是一个女孩，都以年轻人喜欢的贱萌形象出现，以便更好地跟年轻人进行无负担的交流。

> ＃吴亦凡代言舒客＃
>
> ＃五一国际劳动节＃
>
> 营业能让你开心，这确是我本意～
>
> 甭管你是谁，劳动最光荣！
>
> ＃舒客护齿者联盟＃
>
> 昨晚的＃复联4首映＃哪个英雄是妮的 one pick？
>
> 钢铁侠超级迷弟小舒提醒您：道路千万条，人品第一条，剧透一时爽，拉黑嘴缝上。

如今，在互联网上跟年轻人沟通的第一法则是会用梗。而舒客不仅会用梗，各种粉圈用语、网络热词也信手拈来，而且在用梗同时还能加强读者对使用场景的记忆，这比起传统的品牌教化更符合年轻人的口味。

甚至连抖音，舒客也完全玩到了年轻人的点子上。

漱口水的骚操作用法来啦！＃减肥的朋友看过来。

是谁说拔智齿能瘦脸。

小舒客堂：牙签党 PK 牙线党（牙签和牙线究竟有什么区别）。

来到抖音，舒客的贱萌形象得到了进一步的加强。真人版小舒客堂，各种场景深化、谣言辟谣等内容，都在风趣、幽默，甚至有点傲娇的语言中完美消化，无形中戳中了消费者的萌点，吸引了不少年轻人主动关注。

为了能针对性地在不同的传播渠道输出适合的内容，舒客还特地建立了独立的内容团队，围绕用户的运营和维系进行深层次、多维度的内容生产和输出。

在不断盘活用户、吸引新用户关注的同时，舒客还把跨界营销打造成为品牌名片。

杰伴刷牙，震的爱你（舒客 × 杰士邦）

膏粽状元（舒客 × 卫龙）

welcome back（舒客 × 复仇者联盟 3）

通过跟食品、互联网、美妆、消费品、游戏、手机、口腔等看似不搭边的行业进行跨界营销，舒客"撩"到了很多意料之外的顾客，有效地进行了对不同圈层的人群覆盖，延伸和强化了用户的使用场景记忆，为自己找到了吸粉的新机会。

现如今，消费市场与媒介环境变局迅速，占领消费者心智是品牌的当务之急。舒客找到了跟消费者之间独特的沟通方式，并获得了成功。

汤臣倍健：突破限制，跟年轻人温度沟通

经过了发展的不同阶段后，膳食营养补充剂逐渐显示出其强大的市场潜力，各大品牌开始瞄准年龄相对偏大的人群，并加强了对他们的营养普及和推广工作。在这个背景下，汤臣倍健另辟蹊径，将目光投向了"90后""00后"的年轻群体，对他们进行营养科普，提前占位。

对于年轻群体而言，穿着白大褂的医生／专家式的营养科普，已经无法击中他们的痛点，吸引他们的关注。鉴于此，汤臣倍健找来了一位在日常生活中比较关注营养养生的年轻偶像——蔡徐坤，通过让这个营养品、保温杯不离身的年轻人担任首席好看官，借助他身上的偶像力量，达到教育科普年轻人的效果。

当然，要想跟年轻人形成关联，除了找年轻偶像代言外，沟通交流的方式及语言同样需要年轻化。

> 和我一起元气粉。
>
> 跟我来，和我一起，变更好。
>
> 一个美好的世界，和一个美好的你。

"和我一起元气粉"是汤臣倍健胶原蛋白粉的广告语，这里的"粉"有三层含义：一是指产品的粉色包装；二是指产品的状态是粉状的；三是指胶原蛋白粉。这句话表达出来的意思是，通过补充胶原蛋白粉，可以让人气色变好，更显年轻。"元气"一词容易让人联想到活力十足的状态，配合蔡徐坤展现出来的活力、少年感，使产品极具信服力。

除了上面这句广告语外，汤臣倍健胶原蛋白粉的宣传资料文案中还有"跟我来，和我一起，变更好""发现一个美好的世界，和一个美好的你"，文案既像是自白——讲述自己对于膳食补充剂的看法和态度，又像是号召——希望更多人像他一样，通过补充膳食营养补充剂产品变得更好。

因为现在的年轻人主要活跃在微信、微博、抖音等网络平台，所以汤臣倍健对这些平台很重视，玩出新花样，为膳食营养补充剂行业如何与年轻人沟通做出了较好的示范。主要表现在以下几个方面：

第一，有科普。

> 今天是世界高血压日（阿汤关注的节日总是 emmmm…），给长辈安利视频里的顺口溜，做一个懂事的孩纸。
>
> 上次小汤发了指甲的视频之后，大家都对比着自己的指甲看，其实身体还有很多信号，可以对着自己和家人朋友做个"简单体检"。
>
> 熬最晚的夜，捧最热的保温杯，泡最贵的枸杞……请各位熬夜族、加班党收下这份指南，自救、救人，阿弥陀佛……

第二，会玩梗。

在母亲节当天，汤臣倍健发了一套热点海报，不仅将跟妈妈的日常纠葛生动有趣地描写出来，还句句有梗。

> 你看这个掸子它又长又直，就像这个屁股它又红又圆，SKR~
>
> 妈妈从不焦虑年龄的数字，因为她有灭霸叔叔的时间宝石。
>
> 没有哪个冬天是一条秋裤不能搞定的，如果有，就多穿一条。

妈妈吼一吼，我比抖音还要抖。

第三，会制造交互路径。

在做广告投放的同时，汤臣倍健不单纯地以曝光为唯一目的，而是会制造偶遇机会，为消费者加戏，增强消费者的参与感和存在感。

哪个北漂不负重？

愿你出走半生，归来仍是少女。#新轻年不负重#

今日打卡：北京朝阳合生汇5楼，快闪店"轻空间"。

明天的"新轻年"礼物，已为你备好。

听说#蔡徐坤Hard To Get#"顶级难泡"？

Yep地推By your side～胶原蛋白挺好泡的。

听说"金海之约，IKUN应援"活动大家都还没玩够？不舍得画句号的小汤又来了。

一个字：约！

对于膳食营养补充剂行业来说，跟消费者沟通一直以来都是弱项。现在汤臣倍健的各种尝试，无疑给膳食营养补充剂行业提供了全新的宣传思路。

除了在网络平台上学着跟年轻人形成有效沟通外，汤臣倍健还力求在打造品牌安全、原料透明的形象上符合年轻人的逻辑。

23国营养，为1个更好的你。

在信息爆炸的时代，年轻消费者拥有了越来越多接受信息的渠道，他们知道保护心血管，要多吃鱼油，而挪威的鱼油是最好的；他们知道巴西的针叶樱桃含有的维生素 C 是柑橘的 35 倍；他们知道法国新鲜白葡萄的葡萄籽抗氧化能力出类拔萃……

为什么要选择挪威、巴西、法国，而不是本土的呢？因为他们知道原料产地地理环境、气候、生活环境的差异等都会导致原料的营养价值差异巨大。年轻人重视优选，所以他们对这几个方面有格外要求。

汤臣倍健广告语中的"23 国营养"，指的是汤臣倍健的原料是来自全世界 23 个国家和地区优中选优的营养，击中了消费者对优选的需求。"为 1 个更好的你"，则表达了在生活水平全面提升的当下，汤臣倍健用更好的营养，为每一个向着更优质生活状态努力的人提供健康能量支持，帮助大家成就更好的自己。

这句广告语不仅阐释了品牌在原料筛选上的严格，还体现了汤臣倍健为消费者提供健康生活的初心，打动了不少重视健康、热爱生活的年轻人。

未来，伴随着"健康中国"理念的逐步渗透，膳食补充剂市场将得到进一步扩大，整个健康行业或许要跟着汤臣倍健一起动起来，学习如何更好地跟年轻人打交道了。